LEÇONS ET EXERCICES GRADUÉS

D'ANALYSE GRAMMATICALE

©.

Coulommiers. — Imprimerie de A. MOUSSIN.

COURS COMPLET
DE LANGUE FRANÇAISE

(Théorie et Exercices)

PAR M. GUÉRARD

Agrégé de l'Université, Préfet des études à Sainte-Barbe,
Chevalier de la Légion d'honneur.

LEÇONS ET EXERCICES GRADUÉS
D'ANALYSE GRAMMATICALE

NOUVELLE ÉDITION

REVUE, CORRIGÉE ET MISE EN RAPPORT AVEC LA DERNIÈRE ÉDITION
DE LA GRAMMAIRE.

PARIS

DEZOBRY, Fd TANDOU ET Cie, LIBRAIRES-ÉDITEURS,
Rue des Écoles, 78.

1863

PRÉFACE.

L'analyse grammaticale, telle qu'elle se fait ordinairement dans les écoles, consiste principalement en deux choses : 1° à distinguer les différentes espèces de mots, en indiquant les formes accidentelles, pour les mots variables ; 2° à faire connaître la fonction logique des mots, c'est-à-dire le rôle qu'ils jouent dans le discours. La première de ces deux choses n'est que l'application des définitions que donne la grammaire ; la seconde est plutôt du domaine de la logique que de la grammaire proprement dite : ainsi l'indication du sujet et des compléments est évidemment du ressort de l'analyse logique.

On devrait donc, dans l'analyse grammaticale, se borner à la nomenclature des mots et à l'indication du genre et du nombre, pour les noms, l'article, les adjectifs et les pronoms ; du temps, du mode, du nombre et de la personne, pour les verbes. Cependant, comme au début même de leurs études grammaticales, et avant qu'ils soient en âge de pouvoir faire de l'analyse logique, les élèves ont besoin de connaître la grande règle d'accord du verbe avec son sujet, et au moins les deux règles générales du participe passé, qui supposent la distinction du sujet et du complément direct du verbe, on se trouve dans la nécessité, en s'exerçant à l'analyse grammaticale, de faire quelques emprunts à l'analyse logique. De sorte que, à l'explication des différentes parties du discours et des formes accidentelles des mots variables, on ajoute l'indication du sujet, celle du complément direct et celle du complément indirect du verbe.

La distinction du complément indirect serait parfaitement inutile pour l'étude de la grammaire française, si certains mots, tels que *me, te, se, nous, vous*, n'étaient employés dans la phrase tantôt comme compléments directs, tantôt comme compléments indirects. On fera donc bien de réduire le complément indirect au seul cas où ces pronoms sont mis pour *à moi, à toi, à soi, à nous, à vous*, etc.; ou tout au plus, comme nous l'avons fait dans notre grammaire et dans nos leçons d'analyse logique, de n'appeler complément indirect que le mot qui désigne la personne ou la chose d'où part ou à laquelle aboutit l'action marquée par le verbe. Il est évident que l'analyse grammaticale présentera ainsi quelques difficultés de moins.

Elle en présenterait moins encore, si l'on commençait par l'analyse logique pour finir par l'analyse grammaticale. Nous pensons avec un grand nombre de professeurs que cette méthode est préférable, mais seulement lorsqu'on a affaire à des élèves d'un certain âge, de dix à douze ans par exemple. Quant aux enfants que l'on met dès l'âge de sept à huit ans à l'étude des premiers éléments de la grammaire et à la conjugaison des verbes, nous les croyons généralement très-peu en état de comprendre même les premières leçons d'analyse logique. Il peut y avoir quelques rares esprits faisant exception; mais nous considérons ici le plus grand nombre, et l'expérience nous a démontré que la plupart des enfants de cet âge sont incapables de saisir les distinctions métaphysiques de l'analyse logique. Ce qui est parfaitement à la portée de leur intelligence, c'est la connaissance des différentes formes des verbes et la nomenclature des parties du discours : ce sera déjà beaucoup que d'avoir obtenu un bon résultat sur ces deux points des premières études de la grammaire, et les élèves parvenus à ce degré d'instruction seront bien plus en état, soit de faire les premiers exercices d'analyse logique, soit d'ajouter à l'analyse grammaticale quelques indications empruntées à l'autre espèce d'analyse.

On voit quel est le plan de nos leçons et de nos exercices *gradués* d'analyse grammaticale. Le cours est divisé en deux degrés : dans le premier, l'analyse est purement grammaticale : l'élève commence d'abord par indiquer seulement les noms (noms communs, noms propres, noms collectifs) et l'article, avec le genre et le nombre ; ensuite il ajoute successivement à ces indications, celles de l'adjectif et de ses formes accidentelles, de ses variations, puis du pronom, puis du verbe avec le temps, le mode, le nombre, la personne, ainsi de suite jusqu'à l'interjection. Dans le deuxième degré, on étudie la relation logique des mots entre eux, comme concourant à l'expression de la pensée ; et aux indications de l'analyse purement grammaticale, on ajoute celles du sujet, du complément direct et du complément indirect du verbe, la distinction des différentes sortes de verbes attributifs ; enfin on désigne les figures de construction et l'on termine par l'analyse des gallicismes. Du reste, nous croyons qu'il y aurait avantage à faire marcher de front l'analyse grammaticale du second degré avec l'analyse logique. En effet, celle-ci, nous l'avons dit ailleurs (1), apprend à distinguer les rapports des mots ;

_____

(1) *Leçons et Exercices gradués d'analyse logique.* — Introduction.

de plus, en montrant quelle est la fonction de chaque mot dans l'énonciation d'un jugement, elle fait mieux connaître la nature de ce mot, et devient ainsi une excellente préparation à l'analyse grammaticale elle-même.

Nous n'avons pas besoin de faire remarquer que, suivant l'âge, l'intelligence ou l'instruction de l'élève, on pourra le faire commencer par les exercices du premier degré ou par ceux du second. C'est au maître à juger de ce que peut faire son élève : pour nous, nous avons essayé de rédiger un cours véritablement *gradué* de leçons et d'exercices d'analyse grammaticale, et qui pût servir au plus grand nombre des élèves, aux commençants comme à des élèves déjà avancés ; nous nous estimerions heureux d'avoir réussi au gré des personnes chargées de la tâche difficile de l'enseignement élémentaire du français.

Nous laissons les élèves parfaitement libres de faire usage d'abréviations dans leurs devoirs d'analyse grammaticale, pourvu toutefois que ces abréviations soient telles, qu'elles désignent bien ce qu'elles doivent désigner, et qu'il n'en résulte ni doute ni confusion. Ils pourront adopter celles dont nous faisons usage nous-même et dont la liste se trouve à la suite de cette préface.

Qu'on nous permette de reproduire ici quelques observations sur la nomenclature grammaticale, observations qui se trouvent à la suite de notre avertissement placé en tête de notre grammaire avec compléments.

Les grammairiens sont loin d'être d'accord sur la classification des mots : ainsi, tandis que quelques-uns d'entre eux n'admettent point d'autres pronoms que *je, me, moi, tu, te, toi, nous, vous,* plusieurs soutiennent qu'il n'y a pas un seul pronom, et que les prétendus pronoms personnels eux-mêmes ne sont que des noms généraux. D'autres suppriment entièrement l'espèce de mot appelée *article*, et placent les mots *le, la, les*, dans la foule des adjectifs déterminatifs; enfin, d'autres, plus hardis, font rentrer aussi dans la classe des adjectifs, les pronoms *qui, que, dont*, etc.

Comme toutes ces réformes proposées ne font disparaître aucune des difficultés de la Grammaire et ont pour effet immédiat de jeter la confusion dans la langue grammaticale, nous avons cru devoir nous en tenir à la nomenclature ordinaire des dix espèces de mots : d'abord parce que cette nomenclature est celle qu'a adoptée l'Académie, celle que reconnaissent l'immense majorité des professeurs et des maîtres, et la presque totalité des personnes qui ont fait quelques études; en second lieu, parce qu'il y a un très-grand avantage à appeler les choses par les noms que tout le monde leur donne, tandis qu'il peut y avoir un grave inconvénient, surtout dans un examen, à appeler adjectif un mot qui est généralement désigné comme *pronom* ou bien comme *article*. Ces raisons nous ont paru concluantes; nous espérons qu'elles le paraîtront aussi à nos lecteurs.

X

adj.	— adjectif		*infin.*	— infinitif
ant.	— antérieur		*intrans.*	— intransitif
antéc.	— antécédent		*loc.* ou *locut.*	— locution
art.	— article		*m.*	— masculin
card.	— cardinal		*num.*	— numéral
coll.	— collectif		*ordin.*	— ordinal
com.	— commun		*partic.*	— participe
compar.	— comparatif		*pers.*	— personne
complém.	— complément			— personnel
condit.	— conditionnel		*pl.*	— pluriel
conj.	— conjonctif		*plus-q.-p.*	— plus-que-parfait
conjug.	— conjugaison		*poss.*	— possessif
démonst.	— démonstratif		*prés.*	— présent
dir.	— direct		*pron.*	— pronom
f.	— féminin		*pronomin.*	— promominal
fut.	— futur		*qualif.*	— qualificatif
fut. ant.	— futur antérieur		*trans.*	— transitif
imparf.	— imparfait		*s.* ou *sing.*	— singulier
impér.	— impératif		*subj.*	— subjonctif
impers.	— impersonnel		*suj.*	— sujet
indéf.	— indéfini		*supéri.*	— supériorité
indir.	— indirect		*superl.*	— superlatif
inféri.	— infériorité		*v.*	— verbe

LEÇONS ET EXERCICES
GRADUÉS D'ANALYSE GRAMMATICALE.

ANALYSE DU PREMIER DEGRÉ.

DIFFÉRENTES ESPÈCES DE MOTS

1ʳᵉ LEÇON. — DU NOM ET DE L'ARTICLE.

1. — NOM. Le *nom* ou *substantif* est un mot qui sert à *nommer* un être, c'est-à-dire une personne, un animal ou une chose, comme *Paul, Henri, cheval, maison*.

2. — REMARQUE. Certains noms désignent des choses qui n'existent point réellement dans la nature, mais seulement dans notre esprit; tels sont *gloire, courage, paresse :* ces noms s'appellent noms *abstraits*, mais dans l'analyse grammaticale cette indication n'est pas nécessaire.

3. — Il y a deux sortes de noms: le nom *commun* et le nom *propre*.

4. — Le nom *commun* est celui qui convient à toutes les personnes, à toutes les choses semblables ou de la même espèce; exemples : *homme, cheval, maison*.

Homme est un nom commun, car ce nom convient à Paul, à Henri, à tous les humains; *cheval* est un nom commun, car il sert à nommer tous les animaux de cette espèce; *maison* est un nom commun, puisque ce mot sert à désigner toute habitation semblable à une maison.

5. — Le nom *propre* est le nom particulier d'une personne ou d'une chose, comme *Louis, Adam, Paris, la Seine*.

Le nom *propre* peut convenir à une ou à plusieurs personnes, mais non à toutes les personnes; à une ou à plusieurs choses, mais non à toutes les choses semblables. Plusieurs personnes peuvent s'appeler *Louis*, mais *Louis* n'est pas le nom de tout le monde; ce nom est donc un nom particulier ou nom propre. *Paris* est aussi un nom propre, car toutes les villes ne s'appellent point Paris,

6. — REMARQUES. I. La première lettre d'un nom propre est une majuscule ou grande lettre.

II. Le même nom peut être, suivant le sens, nom commun ou nom propre. Ainsi *Dieu*, nom du Tout-Puissant, est un nom propre, de même que tous les mots qui ont cette signification, tels que le *Créateur*, la *Providence*, etc. Mais dans les phrases suivantes : *Chez les païens Mars était le* dieu *de la guerre; Homère est regardé comme le* créateur *de l'épopée* (Acad.) ; *Ah! mon ami, vous êtes ma* providence, les noms *dieu, créateur, providence* sont des noms communs.

7. — Il y a des noms communs appelés *collectifs*, parce qu'ils expriment une *collection*, c'est-à-dire une réunion de personnes ou de choses, comme *la foule, une troupe, une multitude.*

8. — Dans les noms il faut considérer le *genre* et le *nombre.*

Il y a en français deux genres, le *masculin* et le *féminin*. Les noms d'hommes ou de mâles sont du genre masculin, comme *le père, un lion ;* les noms de femmes ou de femelles sont du genre féminin, comme *la mère, une lionne.*

Ainsi le *genre* est la distinction des êtres mâles et des êtres femelles. On a aussi donné, par imitation, le genre masculin ou le genre féminin à des choses qui ne sont ni mâles ni femelles, comme *un livre, une table, le soleil, la lune.*

9. — REMARQUE. On reconnaît qu'un nom commun est du genre masculin quand on peut mettre *le* ou *un* devant ce nom : *le père, le soleil, un livre*; on reconnaît qu'il est du féminin quand on peut mettre *la* ou *une* : *la table, une lionne.*

10. — Dans les noms il y a deux nombres, le *singulier* et le *pluriel :* le singulier, quand on parle d'une seule personne ou d'une seule chose, comme *un homme, un livre ;* le pluriel, quand on parle de plusieurs personnes ou de plusieurs choses, comme *les hommes, deux livres.*

11. — ARTICLE. L'*article* est un petit mot que l'on met ordinairement devant les noms communs et qui en prend le genre et le nombre.

Il n'y a qu'un article : *le, la,* au singulier ; *les,* au pluriel.

Le se met devant un nom masculin singulier : *le père, le livre ; la* se met devant un nom féminin singulier : *la mère, la table*; *les* se met devant tous les noms pluriels, soit masculins, soit féminins : *les pères, les livres, les mères, les tables.*

12. — Remarque. L'article précède aussi quelquefois les noms propres; exemples : *le Tasse, les Pyrénées, l'Italie, l'Angleterre*, etc.

13. — Devant un mot commençant par une voyelle ou une *h* muette, on retranche *e* de l'article *le*, ou bien *a* de l'article *la*, et on les remplace par une apostrophe. Ainsi l'on dit *l'argent*, pour *le argent*; *l'histoire*, pour *la histoire*; *l'épée*, pour *la épée*. C'est ce qu'on appelle *élision*, et l'on dit que l'article est *élidé*.

14. — Devant un nom masculin singulier qui commence par une consonne ou une *h* aspirée, on dit *du* pour *de le, au* pour *à le* : *du père*, pour *de le père*; *au héros*, pour *à le héros*.

Au pluriel on dit toujours *des* pour *de les, aux* pour *à les*, devant tout nom masculin ou féminin : *des pères, des mères; aux arbres, aux étoiles*. Cette réunion en un seul mot de l'article *le, les*, avec *de* et *à*, s'appelle *contraction*, et l'on dit que les mots *du, des, au, aux*, sont des articles *contractés*.

EXERCICES SUR LA PREMIÈRE LEÇON.

[Indiquez les noms et les articles avec le genre et le nombre; dites si les noms sont communs ou propres; indiquez aussi les noms communs collectifs.]

1er EXERCICE.

Ceux qui ne savent pas jusqu'à quel point on peut ménager la terre, prennent pour fable ce qu'on raconte du nombre des villes d'Égypte. La richesse n'en était pas moins incroyable. Il n'y en avait point qui ne fût remplie de temples magnifiques et de superbes palais. L'architecture y montrait partout cette noble simplicité et cette grandeur qui remplit l'esprit. De longues galeries y étalaient des sculptures que la Grèce prenait pour modèles. Thèbes le pouvait disputer aux plus belles villes de l'univers. Ses cent portes chantées par Homère sont connues de tout le monde. Elle n'était pas moins peuplée qu'elle était vaste, et on a dit qu'elle pouvait faire sortir ensemble dix mille combattants par chacune de ses portes. Qu'il y ait, si l'on veut, de l'exagération dans ce nombre, toujours est-il assuré que son peuple était innombrable. Les Grecs et les Romains ont célébré sa magnificence et sa grandeur, encore qu'ils n'en eussent vu que les ruines : tant les restes en étaient augustes. (*Bossuet.*)

Modèle d'analyse.

point, nom com. m. sing.

la, art. f. sing. se rapportant à *terre*.

terre, nom com. f. sing.

fable, nom com. f. sing.

du (de le).

le, art. m. s. se rapportant à *nombre*.

nombre, nom com. coll. m. s.

des (de les).

les, art. f. pl. se rapportant à *villes*.

villes, nom com. f. pl.

Égypte, nom propre, f. s.

La, art. f. s. se rapportant à *richesse*.

richesse, nom com. f. sing.

temples, nom com. m. pl.

palais, nom com. m. pl.

L' (la), art. f. s. se rapportant à *architecture*.

architecture, nom com. f. s.

simplicité, nom com. f. s.

grandeur, nom com. f. s.

l' (le), art. m. s. se rapportant à *esprit*.

esprit, nom com. m. s.

galeries, nom com. f. pl.

des (de les).

les, art. f. pl. se rapportant à *sculptures*.

sculptures, nom com. f. pl.

la, art. f. s. se rapportant à *Grèce*.

Grèce, nom propre, f. sing.

modèles, nom com. m. pl.

Thèbes, nom propre, f. sing.

aux (à les).

les, art. f. plur. se rapportant à *villes*.

villes, nom com. f. pl.

l' (le), art. m. s. se rapportant à *univers*.

univers, nom com. m. s.

portes, nom com. f. pl.

Homère, nom propre, m. s.

le, art. m. s. se rapportant à *monde*.

monde, nom com. coll. m. s.

combattants, nom com. m. pl.

portes, nom com. f. pl.

l' (la), art. f. s. se rapportant à *exagération*.

exagération, nom com. f. s.

nombre, nom com. coll. m. s.

peuple, nom com. coll. m. s.

Les, art. m. pl. se rapportant à *Grecs*.

Grecs, nom propre, m. pl.

les, art. m. pl. se rapportant à *Romains*.

Romains, nom propre, m. pl.

magnificence, nom com. f. s.

grandeur, nom com. f. s.

les, art. f. pl. se rapportant à *ruines*.

ruines, nom com. f. pl.

les, art. m. pl. se rapportant à *restes*.

restes, nom com. m. pl.

2ᵉ EXERCICE.

Si on avait devant les yeux un beau tableau qui représentât, par exemple, le passage de la mer Rouge avec Moïse, à la voix duquel les eaux se fendent et s'élèvent comme deux murs, pour faire passer les Israélites à pied sec au travers (1) des abîmes, on verrait d'un côté cette multitude innombrable de peuples pleins de confiance et de joie, levant les mains au ciel ; de l'autre côté l'on apercevrait Pharaon avec les Égyptiens, pleins de trouble et d'effroi, à la vue des vagues qui se rassembleraient pour les engloutir. En vérité (2). où serait l'homme qui osât dire qu'une servante, barbouillant au hasard (3) cette toile avec un balai, les couleurs se seraient rangées d'elles-mêmes pour former ce vif coloris, ces attitudes si variées, ces airs de tête si passionnés, cette belle ordonnance de figures en si grand nombre, sans confusion, cet accommodement de draperies, ces distributions de lumière, ces dégradations de couleur, cette exacte perspective, enfin tout ce que le plus beau génie d'un peintre peut rassembler ? (*Fénelon.*)

3ᵉ EXERCICE.

Dans l'espèce humaine, l'influence du climat ne se marque que par des variétés assez légères, parce que cette espèce est une, et qu'elle est très-distinctement séparée de toutes les autres espèces : l'homme, blanc en Europe, noir en Afrique, jaune en Asie, et rouge en Amérique, n'est que le même homme teint de la couleur du climat. Comme il est fait pour régner sur la terre, que le globe entier est son domaine, il semble que sa nature se soit prêtée à toutes les situations : sous les feux du midi, dans les glaces du nord, il vit, il multiplie; il se trouve partout si anciennement établi, qu'il ne paraît affecter aucun climat particulier. Dans les animaux au contraire, l'influence du climat est plus forte et se marque

---

(1) Au travers *pour* à le travers : *travers* est ici un nom ; s'il y avait *à travers les; à travers* serait une locution prépositive.

(2) *En vérité* est une locution adverbiale, et non pas un nom.

(3) *Au hasard*, autre locution adverbiale. On peut cependant considérer séparément les deux mots *au* et *hasard*, qui alors sera un nom.

par des caractères plus sensibles, parce que les espèces sont diverses, et que leur nature est infiniment moins perfectionnée, moins étendue que celle de l'homme. Non-seulement les variétés dans chaque espèce sont plus nombreuses et plus marquées que dans l'espèce humaine, mais les différences mêmes des espèces semblent dépendre des différents climats. (*Buffon*.)

4ᵉ EXERCICE.

Enhardi par leurs succès, saint Vincent de Paul généralise les fonctions de ces anges visibles de la Providence (1), leur demande des vertus aussi vastes que les besoins publics, et les estime assez pour mettre en dépôt dans leurs mains toutes ses bonnes œuvres. Ces dignes filles d'un si bon père, animées de son esprit, servent de mères aux orphelins, se dévouent à l'éducation des enfants, assistent les malades, les veuves, les vieillards, les prisonniers, les forçats, les pauvres honteux, les soldats blessés; épient tous les maux de l'espèce humaine, pour n'en laisser aucun sans soulagement; luttent sans cesse contre tous les désastres qui naissent de l'indigence ou de l'âge ou des infirmités, ou des accidents, ou des revers, ou des vices, ou des crimes de leurs semblables; comptent les vertus les plus précieuses à l'humanité au nombre des fonctions ordinaires de leur état, et remplissent avec une sainte joie le ministère de la charité le plus rebutant pour la nature, mais le plus honorable aux yeux de la religion, dans les villes comme dans les campagnes, sur les galères comme dans les prisons, dans les réduits obscurs de la misère comme dans les asiles publics. (*Le cardinal Maury*.)

2ᵉ LEÇON. — DE L'ADJECTIF.

Adjectifs en général et adjectifs qualificatifs.

15. — ADJECTIF. L'adjectif est un mot que l'on ajoute au nom pour exprimer la qualité d'une personne ou d'une chose,

---

(1) Il s'agit ici des *sœurs de la Charité*, instituées par saint Vincent de Paul.

c'est-à-dire pour marquer comment est cette personne ou cette chose. Exemples : *papier* blanc, bon *père*, belle *image*.

Quand on dit *papier blanc*, le mot *blanc* fait connaître comment est le papier ; *blanc* est un adjectif. De même dans *bon père, belle image*, le mot *bon* dit comment est le père, le mot *belle* comment est l'image ; ces mots *bon*, *belle*, sont des adjectifs.

On connaît qu'un mot est adjectif, quand on peut y joindre le mot *personne* ou le mot *chose*. Ainsi *sage, agréable*, sont des adjectifs, car on peut dire *personne sage, chose agréable*.

16. — REMARQUE. Certains noms sont employés comme adjectifs quand ils expriment une qualité, un état, une manière d'être. Exemple : *Alexandre-le Grand était* roi *de Macédoine* (roi est ici employé comme adjectif).
Au contraire, un adjectif peut être employé comme nom ; le véritable nom est alors sous-entendu. Exemples : *Le sage obéit à Dieu* (c'est-à-dire l'*homme sage*). *Joindre l'*utile *à l'*agréable (c'est-à-dire *joindre l'objet* ou *la qualité* utile *à la qualité* agréable).

17. — On distingue trois sortes d'adjectifs : les adjectifs *qualificatifs*, les adjectifs *déterminatifs* et les adjectifs *indéfinis*.

18. — ADJECTIFS QUALIFICATIFS. Les adjectifs *qualificatifs* expriment simplement la qualité, comme quand on dit *le* beau *livre*.

Les adjectifs *déterminatifs* déterminent le sens du nom; les adjectifs *indéfinis* sont ceux qui ajoutent au nom une idée générale, vague, indéterminée. Nous en parlerons, ainsi que des adjectifs déterminatifs, dans la 3ᵉ leçon.

19. — Les adjectifs sont du masculin ou du féminin, du singulier ou du pluriel, suivant le nom auquel ils se rapportent. Exemples : *Le* bon *père, la* bonne *mère*. *Bon* est au masculin et au singulier, parce que *père* est du masculin et au singulier ; *bonne* est au féminin et au singulier, parce que *mère* est du féminin et au singulier. — *De* beaux *jardins*, *de* belles *fleurs*. *Beaux* est au masculin et au pluriel, parce que *jardins* est du masculin et au pluriel ; *belles* est au fé-

minin et au pluriel, parce que *fleurs* est du féminin et au pluriel.

20. — REMARQUES. I. Quand un adjectif se rapporte à deux noms du singulier, cet adjectif est au pluriel, parce que deux singuliers valent un pluriel. Exemple : *Le roi et le berger sont égaux après la mort.*

II. Si les deux noms sont de différents genres, l'adjectif est au pluriel masculin. Exemple : *Mon père et ma mère sont* contents.

21. — On distingue dans les adjectifs qualificatifs trois degrés de signification : le *positif*, le *comparatif* et le *superlatif.*

Le *positif* n'est autre chose que l'adjectif même, comme *un* beau *livre, une* belle *image.* Dans les exercices d'analyse, il n'est pas nécessaire de dire qu'un adjectif est au positif.

22. — Le *comparatif* exprime la comparaison. Quand on compare deux choses, on trouve qu'elles sont égales, ou bien que l'une est supérieure ou inférieure à l'autre. De là trois sortes de comparatifs : d'*égalité*, de *supériorité* et d'*infériorité*.

23. — Pour marquer un comparatif d'*égalité*, on met *aussi* devant l'adjectif, comme *la rose est aussi belle que la tulipe.*

Pour marquer un comparatif de *supériorité*, on met *plus* devant l'adjectif, comme *la rose est plus belle que la violette.*

Pour marquer un comparatif d'*infériorité*, on met *moins* devant l'adjectif, comme *la violette est moins belle que la rose.*

24. — REMARQUE. Nous avons en français trois adjectifs qui expriment seuls une comparaison : *meilleur*, au lieu de *plus bon*, qui ne se dit pas ; *moindre*, qui signifie *plus petit* ; *pire*, qui signifie *plus mauvais*. Exemples : *La vertu est meilleure que la science. Le mensonge est pire que l'indocilité.*

25. — Le *superlatif* exprime la qualité dans un très-haut degré ou dans le plus haut degré possible, comme quand on dit : *La rose est une* très-belle *fleur. Paris est une ville* fort *grande. Cet enfant sait toujours bien sa leçon, même quand* *elle est* le plus difficile (c'est-à-dire *difficile au plus haut point, le plus qu'il est possible*).

EXERCICES SUR LA DEUXIÈME LEÇON.

[Indiquez les noms, les articles et les adjectifs qualificatifs avec le genre et le nombre ; dites à quel nom se rapporte chaque article et chaque adjectif.]

5ᵉ EXERCICE.

Le lézard gris paraît être le plus doux, le plus innocent (1) et l'un (2) des plus utiles des lézards. Ce joli petit animal, si commun dans le pays où nous écrivons, et avec lequel tant de personnes ont joué dans leur enfance, n'a pas reçu de la nature un vêtement aussi éclatant que plusieurs autres quadrupèdes ovipares ; mais elle lui a donné une parure élégante : sa petite taille est svelte, son mouvement agile, sa course si prompte, qu'il échappe à l'œil aussi rapidement que l'oiseau qui vole. Il aime à recevoir la chaleur du soleil ; ayant besoin d'une température douce, il cherche les abris. (*Lacépède.*)

Modèle d'analyse.

Le, art. m. s. se rapportant à *lézard.*

lézard, nom com. m. s.

gris, adj. qualif. m. s. se rapportant à *lézard.*

le, art. m. s. se rapportant à *lézard* (sous-entendu).

plus *doux*, adj. qualif. m. s. au compar. de supéri. se rapportant à *lézard* (sous-entendu).

le, art. m. s. se rapportant à *lézard* (sous-entendu).

plus *innocent*, adj. qualif. m. s. au compar. de supéri. se rapportant à *lézard* (sous-entendu).

des (de les).

les, art. m. pl. se rapportant à *lézards.*

plus *utiles*, adj. qualif. m. pl. au compar. de supéri. se rapportant à *lézards.*

des (de les).

les, art. m. pl. se rapportant à *lézards.*

lézards, nom com. m. pl.

joli, adj. qualif. m. s. se rapportant à *animal.*

petit, adj. qualif. m. s. se rapportant à *animal.*

animal, nom com. m. s.

commun, adj. qualif. m. s. se rapportant à *animal.*

le, art. m. s. se rapportant à *pays.*

---

(1) *Le plus doux, le plus innocent*, le mot *lézard* est ici sous-entendu deux fois : *le lézard plus doux, le lézard plus innocent* d'entre les lézards.

(2) *L'un* est un pronom indéfini.

pays, nom com. m. s.

personnes, nom com. f. pl.

enfance, nom com. f. s.

la , art. f. s. se rapportant à *nature.*

nature, nom com. f. s.

vêtement, nom com. m. s.

aussi *éclatant,* adj. qualif. m. s. au compar. d'égalité , se rapportant à *vêtement.*

quadrupèdes, nom com. m. pl.

ovipares , adj. qualif. m. pl. se rapportant à *quadrupèdes.*

parure, nom com. f. s.

élégante, adj. qualif. f. s. se rapportant à *parure.*

petite , adj. qualif. f. s. se rapportant à *taille.*

taille, nom com. f. s.

svelte, adj. qualif. f. s. se rapportant à *taille.*

mouvement , nom com. m. s.

agile , adj. qualif. m. s. se rapportant à *mouvement.*

course, nom com. f. s.

prompte , adj. qualif. f. s. se rapportant à *course.*

l' (le) , art. m. s. se rapportant à *œil.*

œil, nom com. m. s.

l' (le), art. m. s. se rapportant à *oiseau.*

oiseau, nom com. m. s.

La, art. f. s. se rapportant à *chaleur.*

chaleur, nom com. f. s.

du (de le).

le , art. m. s. se rapportant à *soleil.*

soleil, nom com. m. s.

besoin, nom com. m. s.

température, nom com. f. s.

douce, adj. qualif. f. s. se rapportant à *température.*

les, art. m. pl. se rapportant à *abris.*

abris, nom com. m. pl.

6e EXERCICE.

Portrait de Pygmalion.

On ne le voit presque jamais ; il est seul, triste, abattu, au fond de son palais ; ses amis même n'osent l'aborder, de peur de lui devenir suspects. Une garde terrible tient toujours des épées nues et des piques levées autour de sa maison. Trente chambres, qui communiquent les unes aux autres, et dont chacune a une porte de fer avec six gros verrous, sont le lieu où il se renferme ; on ne sait jamais dans laquelle de ces chambres il couche, et on assure qu'il ne couche jamais deux nuits de suite dans la même, de peur d'y être égorgé.

7e EXERCICE.

Il ne connaît ni les doux plaisirs, ni l'amitié encore plus douce : si on lui parle de chercher la joie, il sent qu'elle fuit loin de lui, et qu'elle refuse d'entrer dans son cœur. Ses yeux creux sont pleins d'un feu âpre et farouche ; ils sont sans cesse errants de tous côtés ; il prête l'oreille au moindre bruit, il se sent tout ému ; il est pâle, défait, et les noirs soucis sont peints sur son visage toujours ridé. Il se tait, il soupire, il tire de son cœur de profonds gémissements ; il ne peut cacher les remords qui déchirent ses entrailles.

8ᵉ EXERCICE.

Les mets les plus exquis le dégoûtent. Ses enfants, loin d'être son espérance, sont le sujet de sa terreur, il en a fait ses plus dangereux ennemis. Il n'a eu toute sa vie aucun moment d'assuré ; il ne se conserve qu'à force de répandre le sang de tous ceux qu'il craint. Insensé, qui ne voit pas que sa cruauté, à laquelle il se confie, le fera périr ! Quelqu'un de ses domestiques, aussi défiant que lui, se hâtera de délivrer le monde de ce monstre. (*Fénelon.*)

3ᵉ LEÇON. — DE L'ADJECTIF. (Suite.)

Adjectifs déterminatifs et adjectifs indéfinis.

26. — ADJECTIFS DÉTERMINATIFS. Les adjectifs *déterminatifs* limitent et précisent l'objet désigné par le nom auquel ils se rapportent ; exemples : Mon *livre* ; Cette *maison*.

Quand je dis *mon livre*, il s'agit du livre qui m'appartient, et non de tout autre livre ; le mot *mon*, qui fait connaître de quel livre je parle, est un adjectif déterminatif.

27. — On distingue trois sortes d'adjectifs déterminatifs : les adjectifs *numéraux* ou *de nombre,* les adjectifs *démonstratifs* et les adjectifs *possessifs*.

28. — 1° **Adjectifs numéraux.** Les adjectifs *numéraux* expriment le nombre, et l'ordre ou le rang. Il y en a de deux sortes : les adjectifs numéraux *cardinaux* et les adjectifs numéraux *ordinaux*.

29. — Les adjectifs numéraux *cardinaux* sont ceux qui expriment le nombre ou la quantité, comme *un, deux, trois, quatre, cinq, dix, vingt, trente, cent, mille*, etc. Exemples : Trois *chevaux*, vingt *maisons*.

30. — Les adjectifs numéraux *ordinaux* marquent l'ordre, le rang, comme *premier, second, deuxième, troisième, quatrième, dixième, centième, dernier*, etc. Exemples : *Le* troisième *cheval du* premier *rang* ; *la* vingtième *maison de la rue.*

31. — 2° Adjectifs démonstratifs. Les adjectifs *démonstratifs* sont ceux qui servent à montrer l'objet dont on parle, comme quand je dis : Ce *livre* ; Cette *table* ; je montre le livre, la table dont je veux parler.

Les adjectifs démonstratifs sont :

Ce, cet, pour le masculin singulier : ce *livre*, cet *homme*.

Cette, pour le féminin singulier : cette *table*.

Ces, pour le pluriel des deux genres : ces *livres*, ces *tables*.

32. — REMARQUE. Au masculin singulier on met *ce* devant les mots qui commencent par une consonne ou une *h* aspirée : ce *village*, ce *hameau ;* on met *cet* devant une voyelle ou une *h* muette : cet *oiseau*, cet *homme*.

33. — 3° Adjectifs possessifs. Les adjectifs possessifs sont ceux qui servent à marquer la possession de l'objet dont on parle, comme mon *livre*, votre *enfant*, son *chapeau* ; c'est-à-dire, le livre *qui est à moi*, l'enfant *qui est à vous*, le chapeau *qui est à lui*. Ce sont :

Pour le masculin singulier : *mon, ton, son, notre, votre, leur.*

Pour le féminin singulier : *ma, ta, sa, notre, voire, leur.*

Pour le pluriel des deux genres : *mes, tes, ses, nos, vos, leurs.*

34. — REMARQUES. I. *Mon, ton, son* s'emploient au féminin devant un mot qui commence par une voyelle ou une *h* muette : on dit *mon âme*, pour *ma âme ; ton humeur*, pour *ta humeur ; son épée*, pour *sa épée*.

II. Il ne faut pas confondre *leur*, adjectif possessif, avec *leur*, pronom personnel. L'adjectif possessif *leur* est toujours suivi d'un nom ou d'un adjectif : leur *maison*, leur *beau pays*.

35. — ADJECTIFS INDÉFINIS. Les adjectifs indéfinis sont ceux qui marquent que les noms auxquels ils sont joints, sont employés d'une manière vague, générale, indéterminée ; par exemple, lorsqu'on dit : Plusieurs *accidents sont arrivés* ;

Certaines *choses me plaisent*, on désigne les accidents, les choses d'une manière indéterminée sans en préciser le nombre, la nature, etc.

Les adjectifs indéfinis sont :

Chaque, plusieurs, aucun, nul, pas un, même, quel,

Autre, maint, tout, certain, quelque, quelconque, tel.

36. — REMARQUES. **I.** L'adjectif indéfini *tout* fait au pluriel masculin *tous.*

II. Le mot *certain* n'est adjectif indéfini que quand il a le même sens à peu près que *un, quelque,* comme dans *certain auteur, certains auteurs;* mais lorsqu'il signifie *sûr, assuré,* comme dans *j'en suis certain,* il est adjectif qualificatif.

EXERCICES SUR LA TROISIÈME LEÇON.

[Indiquez les noms, les articles, les adjectifs qualificatifs, les adjectifs numéraux, démonstratifs, possessifs, les adjectifs indéfinis, avec le genre et le nombre. Dites à quel nom se rapporte chaque article et chaque adjectif.]

9ᵉ EXERCICE.

La ville de Tyr.

Ce pays est au pied du Liban, dont le sommet fend les nues et va toucher les astres. Au-dessus on voit une vaste forêt de cèdres antiques, qui paraissent aussi vieux que la terre où ils sont plantés, et qui portent leurs branches épaisses jusque vers les nues. Cette forêt a sous ses pieds de gras pâturages dans la pente de la montagne. C'est là qu'on voit errer les taureaux qui mugissent, les brebis qui bêlent, avec leurs tendres agneaux bondissant sur l'herbe fraîche. Là coulent mille ruisseaux d'une eau claire. Enfin on voit au-dessous de ces pâturages le pied de la montagne, qui est comme un jardin.

Modèle d'analyse.

Ce, adj. démonst. m. s. se rapportant à *pays.*
pays, nom com. m. s.
au (à le).
le, art. m. s. se rapportant à *pied.*
pied, nom com. m. s.

du (de le).
le, art. m. s. se rapportant à *Liban.*
Liban, nom propre, m. s.
le, art. m. s. se rapportant à *sommet.*
sommet, nom com. m. s.

les, art. f. pl. se rapportant à *nues*.

nues, nom com. f. pl.

les, art. m. pl. se rapportant à *astres*.

astres, nom com. m. pl.

une, adj. num. cardinal f. s. se rapportant à *forêt*.

vaste, adj. qualif. f. s. se rapportant à *forêt*.

forêt, nom com. coll. f. s.

cèdres, nom com. m. pl.

antiques, adj. qualif. m. pl. se rapportant à *cèdres*.

aussi *vieux*, adj. qualif. m. pl. au compar. d'égalité, se rapportant à *cèdres*.

la, art. f. s. se rapportant à *terre*.

terre, nom com. f. s.

leurs, adj. poss. f. pl. se rapportant à *branches*.

branches, nom com. f. pl.

épaisses, adj. qualif. f. pl. se rapportant à *branches*.

les, art. f. pl. se rapportant à *nues*.

nues, nom com. f. pl.

cette, adj. démonst. f. s. se rapportant à *forêt*.

forêt, nom com. coll. f. s.

ses, adj. poss. m. pl. se rapportant à *pieds*.

pieds, nom com. m. pl.

gras, adj. qualif. m. pl. se rapportant à *pâturages*.

pâturages, nom com. m. pl.

la, art. f. s. se rapportant à *pente*.

pente, nom com. f. s.

la, art. f. s. se rapportant à *montagne*.

montagne, nom com. f. s.

les, art. m. pl. se rapportant à *taureaux*.

taureaux, nom com. m. pl.

Les, art. f. pl. se rapportant à *brebis*.

brebis, nom com. f. pl.

leurs, adj. poss. m. pl. se rapportant à *agneaux*.

tendres, adj. qualif. m. pl. se rapportant à *agneaux*.

agneaux, nom com. m. pl.

l' (la), art. f. s. se rapportant à *herbe*.

herbe, nom com. f. s.

fraîche, adj. qualif. f. s. se rapportant à *herbe*.

Mille, adj. num. cardinal m. pl. se rapportant à *ruisseaux*.

ruisseaux, nom com. m. pl.

une, adj. num. cardinal f. s. se rapportant à *eau*.

eau, nom com. f. s.

claire, adj. qualif. f. s. se rapportant à *eau*.

ces, adj. démonst. m. pl. se rapportant à *pâturages*.

pâturages, nom com. m. pl.

le, art. m. s. se rapportant à *pied*.

pied, nom com. m. s.

la, art. f. s. se rapportant à *montagne*.

montagne, nom com. f. s.

un, adj. num. cardinal m. s. se rapportant à *jardin*.

jardin, nom com. m. s.

10e EXERCICE. (*Suite du précédent.*)

C'est auprès de cette belle côte que s'élève, dans la mer, l'île où est bâtie la ville de Tyr. Cette grande ville semble nager au-dessus des eaux, et être la reine de toute la mer. Les marchands y abordent de toutes les parties du monde, et ses habitants sont eux-mêmes les plus fameux marchands qu'il y ait dans l'univers. Quand on entre dans cette ville, on croit d'abord que ce n'est point une ville qui appartienne à un peuple particulier, mais qu'elle est la ville commune de tous les peuples, et le centre de leur commerce. Elle a deux grands môles semblables à deux bras qui s'avancent dans la mer et qui embrassent un vaste port.

11ᵉ EXERCICE.

On voit comme une forêt de mâts de navires, et ces navires sont si nombreux, qu'à peine peut-on découvrir la mer qui les porte. Tous les citoyens s'appliquent au commerce, et leurs grandes richesses ne les dégoûtent jamais du travail nécessaire pour les augmenter. On y voit de tous côtés le fin lin d'Égypte, et la pourpre tyrienne deux fois teinte d'un éclat merveilleux. Cette double teinture est si vive, que le temps ne peut l'effacer. On s'en sert pour des laines fines, qu'on rehausse d'une broderie d'or et d'argent. Les Phéniciens font le commerce de tous les peuples, jusqu'au détroit de Gades, et ils ont même pénétré dans le vaste Océan, qui environne toute la terre.

12ᵉ EXERCICE.

Ils ont fait aussi de longues navigations sur la mer Rouge ; et c'est par ce chemin qu'ils vont chercher, dans des îles inconnues, de l'or, des parfums, et divers animaux qu'on ne voit point ailleurs. Je ne pouvais rassasier mes yeux du spectacle magnifique de cette grande ville où tout était en mouvement. Les hommes y sont occupés à décharger leurs vaisseaux, à transporter leurs marchandises ou à les vendre, à ranger leurs magasins, et à tenir un compte exact de ce qui leur est dû par les négociants étrangers ; les femmes ne cessent jamais de filer les laines, ou de faire des dessins de broderies, ou de ployer les riches étoffes. (*Fénelon.*)

4ᵉ LEÇON. — DU PRONOM.

Pronoms personnels, pronoms démonstratifs, pronoms possessifs.

37. — PRONOM. Le *pronom* est un mot qui tient la place

Exercices d'analyse grammaticale.

du nom, et qui indique le rôle ou *personne* que ce nom joue dans le discours.

Il y a trois *personnes* ou *rôles* : la première personne est celle qui parle : je *lis* ; la deuxième personne est celle à qui l'on parle : tu *lis* ; la troisième personne est celle de qui l'on parle : Paul *lit bien, mais il écrit mal.*

38. — Il y a six sortes de pronoms : les pronoms *personnels*, les pronoms *démonstratifs*, les pronoms *possessifs*, les pronoms *conjonctifs* ou *relatifs*, les pronoms *interrogatifs* et les pronoms *indéfinis*.

39. — PRONOMS PERSONNELS. Les pronoms *personnels* sont ceux qui n'ont d'autre fonction que d'indiquer les trois personnes. Ce sont :

Pronoms de la *première personne* : singulier masculin ou fémin, *je, me, moi* ; pluriel masculin ou féminin, *nous.*

Pronoms de la *deuxième personne* : singulier masculin ou féminin, *tu, te, toi* ; pluriel masculin ou féminin, *vous.*

Pronoms de la *troisième personne* :

SINGULIER		PLURIEL	
masculin	féminin	masculin	féminin
il	*elle,*	*ils, eux,*	*elles*
le	*la,*	*les,* pour les deux genres.	

lui, pour le singulier } des deux genres.
leur, pour le pluriel }

se, soi, en, y, des deux genres et des deux nombres.

40. — Remarques. I. A la seconde personne, au lieu du singulier *tu*, on dit par politesse *vous* ; par exemple : *Monsieur*, vous *êtes bien bon.*

II. Les mots *le, la, les, leur,* sont pronoms quand ils signifient *lui, elle, eux, elles, à eux, à elles* ; comme *je le connais* (je connais *lui*), *je la connais* (je connais *elle*), *je les connais* (je connais *eux, elles*) ; *je leur parle* (je parle *à eux, à elles*) ; *donnez-leur* (donnez *à eux, à elles*). Ils sont alors placés immédiatement avant un verbe ou après un verbe, auquel ils sont joints par un trait d'union.

III. Le mot *en* n'est pronom que quand il est mis pour *de lui, d'elle, d'eux, d'elles, de cela.* Exemples : *C'est un véritable ami, j'en ai reçu un grand service* (Acad.) ; c'est-à-dire *j'ai reçu de lui. J'en ai beaucoup,* c'est-à-dire *j'ai beaucoup* de cela. Dans le cas contraire, ce mot est préposition ; exemple : *Je vais en Italie.*

IV. Le mot *y* n'est pronom que lorsqu'il est mis pour *à cette chose, à ces choses, à cela* ; comme quand on dit : *Je m'y applique,* c'est-à-dire *je m'applique* à cette chose, à cela ; autrement il est adverbe ; exemple : *J'y vais.*

V. Quelquefois le pronom *il* ne peut pas être remplacé par un nom ; exemples : Il *pleut* ; il *faut aimer Dieu.* On dit alors qu'il est impersonnel.

41. — PRONOMS DÉMONSTRATIFS. Les pronoms *démonstratifs* sont ceux au moyen desquels on désigne, en les montrant, les personnes ou les choses dont on veut parler, comme quand on dit : *Prenez votre livre,* celui-ci *est à moi; celui-ci,* c'est-à-dire le livre que je montre. Ces pronoms sont :

SINGULIER		PLURIEL	
masculin	féminin	masculin	féminin
ce, ceci, cela	»	»	»
celui	*celle*	*ceux*	*celles*
celui-ci	*celle-ci*	*ceux-ci*	*celles-ci*
celui-là	*celle-là*	*ceux-là*	*celles-là*

42. — REMARQUE. Le mot *ce* n'est pronom que 1° devant ou après le verbe *être : c'est moi, est-ce moi?* 2° devant les pronoms *qui, que, quoi, dont;* exemple : ce *qui me fâche, ce que je dis, ce dont vous parlez.* S'il est suivi d'un nom ou d'un adjectif, il est adjectif démonstratif : ce *jardin, ce beau jardin m'appartient.*

43. — PRONOMS POSSESSIFS. Les pronoms *possessifs* expriment la possession ; ils tiennent la place d'un nom et d'un adjectif possessif, comme quand je dis : *Voilà votre canif et voici* le mien, c'est-à-dire *voici mon canif.*

Les pronoms possessifs sont :

SINGULIER		PLURIEL	
masculin	féminin	masculin	féminin
le mien	*la mienne*	*les miens*	*les miennes*
le tien	*la tienne*	*les tiens*	*les tiennes*
le sien	*la sienne*	*les siens*	*les siennes*
		des deux genres	
le nôtre	*la nôtre*	*les nôtres*	
le vôtre	*la vôtre*	*les vôtres*	
le leur	*la leur*	*les leurs*	

44. — REMARQUE. Les pronoms possessifs *le nôtre, la nôtre, le vôtre, la vôtre,* etc., s'écrivent avec un accent circonflexe sur l'*o* et ne se joignent jamais au nom ; les adjectifs possessifs *notre, votre,* s'écrivent sans accent et précèdent toujours le nom. Exemple : No*tre maison est plus grande que la vôtre.*

EXERCICES SUR LA QUATRIÈME LEÇON.

[Indiquez les noms, les articles et les différentes sortes d'adjectifs comme dans les exercices précédents, et en outre les pronoms personnels, les pronoms démonstratifs et les pronoms possessifs, avec le genre et le nombre. Ajoutez, pour les pronoms personnels, l'indication de la *personne*.]

13ᵉ EXERCICE.

AUGUSTE.

Qu'il te souvienne
De garder ta parole, et je tiendrai la mienne.
Tu vois le jour, Cinna ; mais ceux dont tu le tiens
Furent les ennemis de mon père, et les miens.
Au milieu de leur camp tu reçus la naissance ;
Et, lorsqu'après leur mort tu vins en ma puissance,
Leur haine enracinée au milieu de ton sein
T'avait mis contre moi les armes à la main.
Tu fus mon ennemi même avant que de naître,
Et tu le fus encor quand tu me pus connaître ;
Et l'inclination n'a jamais démenti
Ce sang qui t'avait fait du contraire parti.
Autant que tu l'as pu, les effets l'ont suivie,
Je ne m'en suis vengé qu'en te donnant la vie. (CORNEILLE.)

Modèle d'analyse.

Il, pron. per. pris impersonnellement, 3ᵉ pers. m. s.

te, pron. pers. 2ᵉ pers. m. s. désignant Cinna.

ta, adj. poss. f. s. se rapportant à *parole*.

parole, nom. com. f. s.

je, pron. pers. 1ʳᵉ pers. m. s. désignant Auguste.

la mienne, pron. poss. f. s. tenant la place de *ma promesse*.

Tu, pron. pers. 2ᵉ pers. m. s. désignant Cinna.

le, art. m. s. se rapportant à *jour*.

jour, nom com. m. s.

Cinna, nom propre, m. s.

ceux, pron. démonst. m. pl. rappelant l'idée de *les parents*.

tu, pron. pers. 2ᵉ pers. m. s. désignant Cinna.

le, pron. pers. 3ᵉ pers. m. s. tenant la place de *jour*.

les, art. m. pl. se rapportant à *ennemis*.

ennemis, nom com. m. pl.

mon, adj. poss. m. s. se rapportant à *père*.

père, nom com. m. s.

les miens, pron. poss. m. pl. tenant la place de *mes ennemis*.

Leur, adj. poss. m. s. se rapportant à *camp*.

camp, nom com. m. s.

tu, pron. pers. 2ᵉ pers. m. s. désignant Cinna.

la, art. f. s. se rapportant à *naissance*.

naissance, nom. com. f. s.

leur, adj. poss. f. s. se rapportant à *mort*.

mort, nom com. f. s.

tu, pron. pers. 2ᵉ pers. m. s. désignant Cinna.

ma, adj. poss. f. s. se rapportant à *puissance*.

puissance, nom com. f. s.

leur, adj. poss. f. s. se rapportant à *haine*.

haine, nom com. f. s.

enracinée, adj. qualif. f. s. se rapportant à *haine*.

ton, adj. poss. m. s. se rapportant à *sein*.

sein, nom com. m. s.

t' (te), pron. pers. 2ᵉ pers. m. s. désignant Cinna.

moi, pron. pers. 1ʳᵉ pers. m. s. désignant Auguste.

les, art. f. pl. se rapportant à *armes.*

armes, nom com. f. pl.

la, art. f. s. se rapportant à *main.*

main, nom com. f. s.

Tu, pron. pers. 2ᵉ pers. m. s. désignant Cinna.

mon, adj. poss. m. s. se rapportant à *ennemi.*

ennemi, nom com. m. s.

tu, pron. pers. 2ᵉ pers. m. s. désignant Cinna.

le, pron. pers. 3ᵉ pers. m. s. tenant la place d'*ennemi.*

tu, pron. pers. 2ᵉ pers. m. s. désignant Cinna.

me, pron. pers. 1ʳᵉ pers. m. s. désignant Auguste.

l' (la), art. f. s. se rapportant à *inclination.*

inclination, nom com. f. s.

ce, adj. démonst. m. s. se rapportant à *sang.*

sang, nom com. m. s.

t' (te), pron. pers. 2ᵉ pers. m. s. désignant Cinna.

du (de le).

le, art. m. s. se rapportant à *parti.*

contraire, adj. qualif. m. s. se rapportant à *parti.*

parti, nom com. m. s.

Tu, pron. pers. 2ᵉ pers. m. s. désignant Cinna.

l' (le), pron. pers. 3ᵉ pers. m. s. signifiant *cela.*

les, art. m. pl. se rapportant à *effets.*

effets, nom com. m. pl.

l' (la), pron. pers. 3ᵉ pers. f. s. rappelant l'idée d'*inclination.*

Je, pron. pers. 1ʳᵉ pers. m. s. désignant Auguste.

me, pron. pers. 1ʳᵉ pers. m. s. désignant Auguste.

en, pron. pers. 3ᵉ pers. m. s. signifiant *de cela.*

te, pron. pers. 2ᵉ pers. m. s. désignant Cinna.

la, art. f. s. se rapportant à *vie.*

vie, nom com. f. s.

14ᵉ EXERCICE.

DÉMOCRITE. Accommodons-nous. Il y a de quoi nous justifier tous deux, il y a partout de quoi rire et de quoi pleurer. Le monde est ridicule, et j'en ris ; il est déplorable, et vous en pleurez : chacun le regarde à sa mode et suivant son tempérament. Ce qui est certain, c'est que le monde est de travers. Pour bien faire, pour bien penser, il faut faire, il faut penser autrement que le grand nombre : se régler par l'autorité et par l'exemple du commun des hommes, c'est le partage des insensés. (*Fénelon.*)

15ᵉ EXERCICE.

Allez, disait Mentor, au milieu des plus grands périls toutes les fois qu'il sera utile que vous y alliez. Un prince se déshonore encore plus en évitant les dangers dans les combats qu'en n'allant jamais à la guerre. Il ne faut point que le

courage de celui qui commande aux autres puisse être dou-
teux. S'il est nécessaire à un peuple de conserver son chef ou
son roi, il lui est encore plus nécessaire de ne le voir point
dans une réputation douteuse sur la valeur. Souvenez-vous
que celui qui commande doit être le modèle de tous les autres. *(Id.)*

16e EXERCICE.

La Poule aux œufs d'or.

L'avarice perd tout en voulant tout gagner.
Je ne veux pour le témoigner
Que celui dont la poule, à ce que dit la Fable,
Pondait tous les jours un œuf d'or.
Il crut que dans son corps elle avait un trésor;
Il la tua, l'ouvrit, et la trouva semblable
A celles dont les œufs ne lui rapportaient rien,
S'étant lui-même ôté le plus beau de son bien.
Belle leçon pour les gens chiches !
Pendant ces derniers temps, combien en a-t-on vus
Qui du soir au matin sont pauvres devenus
Pour vouloir trop tôt être riches ! (La Fontaine.)

5e LEÇON. — DU PRONOM. (Suite.)

Pronoms conjonctifs, pronoms interrogatifs et pronoms indéfinis.

45. — PRONOMS CONJONCTIFS. Les pronoms *conjonctifs*
ou *relatifs* servent à joindre la phrase qui les suit au nom ou
au pronom auquel ils se rapportent et dont ils tiennent la
place; exemple : *Dieu, qui sait tout, connaît vos plus secrètes
pensées.*

46. — Le mot auquel le pronom conjonctif se rapporte
s'appelle *antécédent,* parce que ce mot précède le plus souvent le pronom. Dans l'exemple ci-dessus, *Dieu* est l'antécédent du pronom conjonctif *qui.* De même dans : *l'ami dont je
pleure la perte, ami* est l'antécédent du pronom conjonctif
dont.

47. — Les pronoms conjonctifs sont :

qui, que, quoi, } des deux genres et des deux nombres,
dont ou *de qui* } suivant leur antécédent.

Singulier : masculin, *lequel, duquel, auquel;* féminin,
laquelle, de laquelle, à laquelle.

Pluriel : masculin, *lesquels, desquels, auxquels;* féminin, *lesquelles, desquelles, auxquelles.*

48. — REMARQUE. Il ne faut pas confondre le pronom conjonctif *que* avec l'adverbe *que* et la conjonction *que*. Le mot *que* est pronom conjonctif quand il peut se remplacer par *lequel, laquelle, lesquels, lesquelles, quelle chose*, comme dans : *Voici le livre que tu m'as demandé ;* c'est-à-dire, lequel *livre tu m'as demandé ;* ou bien lorsqu'il est après un autre pronom ; exemples : *Ce* que *vous dites* (la chose que vous dites) ; *c'est vous que j'appelle.*

Mais si *que* signifie *combien*, comme dans : *que de belles fleurs !* c'est-à-dire *combien de belles fleurs !* alors il est adverbe.

Enfin, si le mot *que* ne peut se remplacer ni par *lequel, laquelle, lesquels, lesquelles, quelle chose*, ni par *combien*, il est conjonction. Exemple : *Je crois* que *vous riez ;* on ne pourrait pas dire : *Je crois combien vous riez,* ni *je crois lequel vous riez.*

49. — Le pronom conjonctif est du même genre, du même nombre et de la même personne que son antécédent. Ainsi, dans cet exemple : *L'enfant qui travaille bien mérite une récompense,* le pronom *qui* est du singulier et de la troisième personne, parce que son antécédent *enfant* est du singulier et de la troisième personne : il est du masculin, si c'est un petit garçon qui travaille ; il est du féminin, si c'est une petite fille.

De même dans cette phrase : *Messieurs, c'est vous* que *nous cherchons,* le pronom *que* est du masculin, du pluriel et de la deuxième personne, parce que son antécédent *vous* est du masculin, du pluriel et de la deuxième personne.

50. — PRONOMS INTERROGATIFS. Les pronoms *qui, que,* sont interrogatifs, quand ils n'ont point d'antécédent et qu'on peut les remplacer par *quelle personne* ou *quelle chose ;* exemples : Qui *a fait cela ?* Que *vous dirai-je ? A quoi bon ?* On peut dire : *Quelle personne a fait cela ? Quelle chose vous dirai-je ? A quelle chose cela est-il bon ?*

51. — PRONOMS INDÉFINIS. Les pronoms *indéfinis* indiquent les personnes et les choses d'une manière vague ou générale. Ces pronoms sont :

On, personne, certains, rien, quiconque, chacun,
L'un, l'autre, l'un et l'autre, autrui, plusieurs, quelqu'un.

52. — REMARQUES. I. Le mot *personne* est pronom lorsqu'il signifie *aucune personne ;* exemple : Personne né s'en doutait. Mais s'il est précédé d'un article ou d'un adjectif déterminatif, il est nom ; exemple : *La* personne, *cette* personne *que je vois.*

II. Le mot *rien* n'est pronom que quand il signifie *aucune chose*, comme dans : *Je n'ai rien dit*. S'il est accompagné d'un article ou d'un adjectif déterminatif, il est nom ; exemple : *Un rien l'effraie*.

III. Les mots *certains, plusieurs,* ne sont pronoms que lorsqu'ils sont employés sans être joints à un nom, comme : Certains *l'ont dit*, plusieurs *l'affirment ;* autrement ils sont adjectifs indéfinis, comme dans *certains auteurs, plusieurs cerises*.

IV. Les adjectifs indéfinis *nul, tel, aucun, tout,* sont employés comme pronoms indéfinis, lorsqu'ils ne sont pas joints à un nom ; exemples : Nul *ne le croit*. Tout *est perdu*.

EXERCICES SUR LA CINQUIÈME LEÇON.

[Indiquez les noms, les articles, les adjectifs et les pronoms de toutes sortes, avec le genre et le nombre ; vous direz en outre de quelle personne sont les pronoms personnels et les pronoms conjonctifs, et vous indiquerez l'antécédent de chaque pronom conjonctif.]

17ᵉ EXERCICE.

1. O Neptune, c'est vous qui excitâtes par votre superbe trident toutes les eaux de votre empire. (*Fénelon.*) — 2. Alors je dis à votre père tout ce que la fureur pouvait m'inspirer. (*Id.*) — 3. On est quelquefois un sot avec de l'esprit ; mais on ne l'est jamais avec du jugement. (*La Rochefoucauld.*)

4. Qui ramène le jour dans ces retraites sombres ?
Que vois-je ? mon aspect épouvante les ombres ! (CRÉBILLON.)
5. Deux mulets cheminaient, l'un d'avoine chargé,
L'autre portant l'argent de la gabelle.
Celui-ci, glorieux d'une charge si belle,
N'eût voulu pour beaucoup en être soulagé. (LA FONTAINE.)

Modèle d'analyse.

1. *Neptune*, nom propre, m. s.
ce, pron. démonst. m. s.
vous, pron. pers. 2ᵉ pers. m. pl. pour le s. désign. *Neptune.*
qui, pron. conj. m. pl. 2ᵉ pers. son antéc. est *vous.*
votre, adj. poss. m. s. se rapportant à *trident.*
superbe, adj. qualif. m. s. se rapportant à *trident.*
trident, nom com. m. s.

toutes, adj. indéf. f. pl. se rapportant à *eaux.*
les, art. f. pl. se rapportant à *eaux.*
eaux, nom com. f. pl.
votre, adj. poss. m. s. se rapportant à *empire.*
empire, nom com. m. s.
2. *Je*, pron. pers. 1ʳᵉ pers. m. s. désignant celui qui parle (1).

(1) Ici celui qui parle est Philoctète.

votre, adj. poss. m. s. se rapportant à *père*.

père, nom com. m. s.

tout, adj. indéf. m. s, se rapportant à *ce*.

ce, pron. démonst. m. s.

que, pron. conj. m. s. 3ᵉ pers. son antéc. est *ce*.

la, art. f. s. se rapportant à *fureur*.

fureur, nom com. f. s.

m' (me), pron. pers. 1ʳᵉ pers. m. s. désignant celui qui parle.

3. *On*, pron. indéf. m. s.

un, adj. num. cardinal, m. s. se rapportant à *sot*.

sot, adj. employé comme nom, m. s.

l' (le), art. m. s. se rapportant à *esprit*.

esprit, nom com. m. s.

on, pron. indéf. m. s.

l' (le), pron. pers. 3ᵉ pers. m. s. rappelant l'idée de *sot*.

du (de le).

le, art. m. s. se rapportant à *jugement*.

jugement, nom com. m. s.

4. *Qui*, pron. interrogatif, 3ᵉ pers. m. s.

le, art. m. s. se rapportant à *jour*.

jour, nom com. m. s.

ces, adj. démonst. f. pl. se rapportant à *retraites*.

retraites, nom com. f. pl.

sombres, adj. qualif. f. pl.

se rapportant à *retraites*.

que, pron. interrogatif, 3ᵉ pers. m. s.

je, pron. pers. 1ʳᵉ pers. m. s. désign. celui qui parle (1).

mon, adj. poss. m. s. se rapportant à *aspect*.

aspect, nom com. m. s.

les, art. f. pl. se rapportant à *ombres*.

ombres, nom com. f. pl.

5. *Deux,* adj. num. cardinal, m. pl. se rapportant à *mulets*.

mulets, nom com. m. pl.

l'un, pron. indéf. m. s. rappelant l'idée de *mulet*.

avoine, nom com. f. s.

l'autre, pron. indéf. m. s. rappelant l'idée de *mulet*.

l' (le), art. m. s. se rapportant à *argent*.

argent, nom com. m. s.

la, art. f. s. se rapportant à *gabelle*.

gabelle, nom com. f. s.

celui-ci, pron. démonst. m. s. rappelant l'idée du dernier mulet.

glorieux, adj. qualif. m. s. se rapportant à *celui-ci*.

une, adj. num. cardinal, f. s. se rapportant à *charge*.

charge, nom com. f. s.

belle, adj. qual. f. s. se rapportant à *charge*.

en (d'elle), pron. pers. 3ᵉ pers. f. s. rappelant l'idée de *charge*.

18ᵉ EXERCICE.

1. Nous étions les mêmes qui avions combattu dans les jeux ; nul autre n'y fut admis. (*Fénelon.*) — 2. La première question était de savoir quel était le plus libre de tous les hommes. Les uns répondirent que c'était un roi qui avait sur son peuple un empire absolu et qui était victorieux de tous

_____

(1) C'est Oreste qui parle.

ses ennemis. D'autres soutinrent que c'était un homme si riche qu'il pouvait contenter tous ses désirs. (*Id.*) .

3. Quiconque est soupçonneux invite à le trahir.

19e EXERCICE.

1. Eucrate, me dit-il , je n'eus jamais cet amour dominant pour la patrie dont nous trouvons tant d'exemples dans les premiers temps de la république ; et j'aime autant Coriolan qui porte la flamme et le fer jusqu'aux murailles de sa ville ingrate, qui fait repentir chaque citoyen de l'affront que lui a fait chaque citoyen, que celui qui chassa les Gaulois du Capitole. (*Montesquieu.*)

2. C'est une lâcheté, c'est une trahison
A laquelle mon cœur ne saurait se résoudre. (Arnault.)

3. Qu'est-ce là? lui dit-il. — Rien. — Quoi! rien? — Peu de chose.
(La Fontaine.)

20e EXERCICE.

1. Personne ne peut mieux savoir cela que lui. (*Acad.*)

2. La plupart des personnes que j'ai vues me l'ont assuré. (*Id.*)

3. Qu'avez-vous appris aux Germains ? (La Fontaine.)
4. Nous n'écoutons d'instincts que ceux qui sont les nôtres,
Et ne croyons le mal que quand il est venu. (Ib.)
5. Chacun se trompe ici-bas :
On voit courir après l'ombre
Tant de fous qu'on n'en sait pas,
La plupart du temps, le nombre. (Id.)

6e LEÇON. — DU VERBE (1).

*Verbe essentiel et verbes attributifs ; personnes, nombres
et temps du verbe.*

53. — VERBE. Le verbe est le mot par lequel on affirme que l'on est, ou que l'on fait quelque chose. Ainsi quand je

---

(1) Nous supposons que l'élève, arrivé à la 6e leçon, a déjà conjugué un assez grand nombre de verbes pour être familiarisé avec les formes des quatre conjugaisons à tous les temps et à tous les modes. Sans la connaissance de ces formes, connaissance acquise par la pratique, il lui serait bien difficile, pour ne pas dire impossible, de distinguer, avec le simple secours des définitions, les différents temps et les différents modes : ici l'analogie le guidera puissamment et lui servira à mieux comprendre les théories.

dis : *Paul* est *malade*, le mot *est* est un verbe, parce qu'il affirme que Paul est dans l'état exprimé par l'adjectif *malade*. De même, si je dis : *Pierre* joue, le mot *joue* est un verbe, parce qu'il affirme que Pierre fait l'action de jouer.

54. — On reconnaît en français qu'un mot est un *verbe*, quand on peut y ajouter les pronoms *je, tu, il, nous, vous, ils* ; comme : *je lis, tu lis, il lit, nous lisons, vous lisez, ils lisent.*

55. — Le verbe *être* est le verbe *essentiel*, le verbe proprement dit. Tous les autres verbes sont formés du verbe *être* et d'un adjectif, et on les appelle *verbes attributifs.* Ainsi *jouer, finir, lire,* sont des verbes attributifs, parce qu'ils sont mis pour *être jouant, être finissant, être lisant.*

Remarque. Le verbe *être* et le verbe *avoir* sont appelés verbes *auxiliaires,* lorsqu'ils aident à conjuguer les autres verbes.

56.—**Personnes.** Il y a trois personnes dans les verbes.

La première personne prend le pronom *je* au singulier, et le pronom *nous* au pluriel : je *lis,* nous *lisons.*

La seconde personne prend le pronom *tu* au singulier, et le pronom *vous* au pluriel : tu *lis,* vous *lisez.*

La troisième personne prend les pronoms *il, elle,* ou un nom au singulier, et *ils, elles,* ou un nom au pluriel : il *lit,* elle *lit,* Pierre *lit* ; ils *ou* elles *lisent,* les enfants *lisent.*

57.—**Nombres.** Il y a dans les verbes deux nombres : le *singulier,* quand il s'agit d'une seule personne ou d'une seule chose, comme *je lis, l'enfant dort* ; le *pluriel,* quand il s'agit de plusieurs personnes ou de plusieurs choses, comme *nous lisons, les enfants dorment, les fruits mûrissent.*

58.—**Temps du verbe.** Le *temps* est la forme particulière que prend la terminaison du verbe pour marquer l'époque à laquelle se rapporte l'action, ou l'état dont on parle.

Il y a trois temps : le *présent,* qui marque que la chose est ou se fait au moment où l'on parle, comme *je lis* ; le *passé,* qui marque que la chose a été faite, comme *j'ai lu* ; le *futur,* qui marque que la chose sera ou se fera, comme *je lirai.*

59. — On distingue cinq sortes de passés : l'*imparfait,* le

passé défini, le *passé indéfini*, le *passé antérieur* et le *plus-que-parfait.*

On distingue aussi deux futurs : le *futur simple* et le *futur antérieur.*

60. — L'*imparfait* ou *passé simultané* (1) sert à exprimer que la chose était ou se faisait en même temps qu'une autre : *il* écrivait *lorsque j'entrai.*

Le *passé défini* indique que la chose s'est faite à une époque déterminée qui est complétement passée : j'écrivis *hier toute la matinée.*

Le *passé indéfini* indique que la chose s'est faite dans un temps passé, mais sans qu'il soit nécessaire de déterminer si c'est dans telle partie de la durée ou non : j'ai écrit *ce matin*; *il* a récité *sa leçon.*

Le *passé antérieur* (2) indique que la chose fut faite avant une autre qui a eu lieu également dans un temps passé : *dès que* j'eus écrit *ma lettre, je sortis.*

Le *plus-que-parfait* ou second *passé antérieur* sert aussi à exprimer que la chose s'est faite avant une autre, qui a eu lieu dans un temps passé, mais moins rapproché : j'avais écrit *ma lettre, quand vous êtes entré.*

61. — Le *futur simple* indique simplement que la chose sera ou se fera : j'écrirai *demain.*

Le *futur antérieur* indique que la chose sera ou se fera avant une autre : *dès que* j'aurai écrit *mon devoir, j'étudierai ma leçon.*

EXERCICES SUR LA SIXIÈME LEÇON.

[Faites l'analyse comme dans les exercices précédents, indiquez de plus tous les verbes, en distinguant le verbe essentiel *être* et les verbes attributifs, et en désignant la personne, le nombre et le temps de chaque verbe (3).]

21e EXERCICE.

Télémaque aux princes alliés.

Je n'ignore pas que, si jamais un homme a mérité d'être

(1) *Simultané* signifie qui a lieu en même temps qu'une autre chose.
(2) *Antérieur* signifie qui vient avant, qui précède.
(3) Les modes et les participes ne seront indiqués qu'aux exercices de la leçon suivante.

surpris et trompé, c'est Adraste, lui qui a si souvent trompé
tout le monde. Je vois bien qu'en surprenant Vénuse, vous
ne feriez que vous mettre en possession d'une ville qui vous
appartient, puisqu'elle est aux Apuliens, qui sont un des
peuples de votre ligue. J'avoue que vous pourriez le faire avec
d'autant plus d'apparence de raison, qu'Adraste, qui a mis
cette ville en dépôt, a corrompu le commandant et la garnison pour y entrer quand il le jugera à propos.

Modèle d'analyse.

Je, pron. pers. 1re pers. m. s. désignant Télémaque.
ignore, v. attributif, 1re pers. du sing. au présent.
un, adj. num. cardinal, m. s. se rapportant à *homme*.
homme, nom com. m. s.
a mérité, v. attributif, 3e pers. du s. au passé indéf.
être, v. essentiel, au présent.
c' (ce), pron. démonst. m. s.
est, v. essentiel, 3e pers. du s. au présent.
Adraste, nom propre, m. s.
lui, pron. pers. 3e pers. m. s. rappelant l'idée d'*Adraste*.
qui, pron. conj. 3e pers. m. s. son antéc. est *lui*.
a trompé, v. attributif, 3e pers. du s. au passé indéf.
tout, adj. indéf. m. s. se rapportant à *monde*.
le, art. m. s. se rapportant à *monde*.
monde, nom com. m. s.
Je, pron. pers. 1re pers. m. s. désignant Télémaque.
vois, v. attributif, 1re pers. du s. au présent.
Vénuse, nom propre de ville, f. s.
vous, pron. pers. 2e pers. m. pl. désignant les princes alliés.
feriez, v. attributif, 2e pers. du pl. au présent.
vous, pron. pers. 2e pers. m. pl. désignant les princes alliés.
mettre, v. attributif, au présent.
possession, nom com. f. s.
une, adj. num. card. f. s. se rapportant à *ville*.
ville, nom com. f. s.
qui, pron. conj. 3e pers. f. s. son antéc. est *ville*.
vous, pron. pers. 2e pers. m. pl. désignant les princes alliés.
appartient, v. attributif, 3e pers. du s. au présent.
elle, pron. pers. 3e pers. f. s. rappelant l'idée de *ville*.
est, verbe essentiel, 3e pers. du s. au présent.
aux (à les); *les*, art. m. pl. se rapportant à *Apuliens*.
Apuliens, nom propre, m. pl.
qui, pron. conj. m. pl. 3e pers. son antéc. est *Apuliens*.
sont, v. essentiel, 3e pers. du pl. au présent.
un, adj. num. card. m. s. se rapportant à *peuple*, sous-entendu.

des (de les) ; *les*, art. m. pl. se rapportant à *peuples.*
peuples, nom com. collectif, m. pl.
votre, adj. poss. f. s. se rapportant à *ligue.*
ligue, nom com. f. s.
J' (je), pron. pers. 1re pers. m. s. désignant Télémaque.
vous, pron. pers. 2e pers. m. pl. désignant les princes alliés.
pourriez, v. attributif 2e pers. du pl. au présent.
le, prom. pers. 3e pers. m. s. signifiant *cela.*
faire, v. attributif, au présent.
apparence, nom com. f. s.
raison, nom com. f. s.
Adraste, nom propre, m. s.
qui, pron. conj. m. s. 3e pers. son antéc. est *Adraste.*
a mis, v. attributif, 3e pers. du s. au passé indéf.
cette, adj. démonst. f. s. se rapportant à *ville.*
ville, nom com. f. s.
dépôt, nom com. m. s.
a corrompu, v. attributif, 3e pers. du sing. au passé indéf.
le, art. m. s. se rapportant à *commandant.*
commandant, nom com. m. s.
la, art. f. s. se rapportant à *garnison.*
garnison, nom com. collectif, f. s.
entrer, v. attributif, au présent.
il, pron. pers. 3e pers. m. s. rappelant l'idée d'Adraste.
le, prou. pers. 3e pers. m. s. signifiant *cela.*
jugera, v. attributif, 3e pers. du s. au futur.

22e EXERCICE. (*Suite.*)

Enfin, je comprends comme vous que, si vous preniez Vénuse, vous seriez maîtres dès le lendemain du château où sont
tous les préparatifs de guerre qu'Adraste y a assemblés, et
qu'ainsi vous finiriez en deux jours cette guerre si formidable. Mais ne vaut-il pas mieux périr que vaincre par de tels
moyens ? Faut-il repousser la fraude par la fraude ? Sera-t-il
dit que tant de rois, ligués pour punir l'impie Adraste de ses
tromperies, seront trompeurs comme lui ?

23e EXERCICE.

S'il nous est permis de faire comme Adraste, il n'est pas
coupable, et nous avons tort de vouloir le punir. Quoi! l'Hespérie entière, soutenue de tant de colonies grecques et de héros revenus du siége de Troie, n'a-t-elle point d'autres armes
contre la perfidie et le parjure d'Adrasie, que la perfidie et

le parjure ? Vous avez juré par les choses les plus sacrées que vous laisseriez Vénuse en dépôt dans les mains des Lucaniens.

24e EXERCICE.

La garnison lucanienne, dites-vous, est corrompue par l'argent d'Adraste, je le crois comme vous ; mais cette garnison est toujours à la solde des Lucaniens ; elle n'a point refusé de leur obéir ; elle a gardé, du moins en apparence, la neutralité. Adraste ni les siens ne sont jamais entrés dans Vénuse. Le traité subsiste ; votre serment n'est pas oublié des dieux. Ne gardera-t-on les paroles données que quand on manquera de prétextes plausibles pour les violer ? Ne sera-t-on fidèle et religieux pour les serments que quand on n'aura rien à gagner en violant sa foi ? (*Fénelon.*)

7e LEÇON. — DU VERBE. (Suite.)

Modes. Conjugaisons. Participe (1).

62. — **Modes.** Le *mode* est la manière dont le verbe présente l'action ou l'état qu'il exprime. Les différents modes sont indiqués par les formes différentes du verbe.

63. — Il y a cinq modes en français : l'*indicatif*, le *conditionnel*, l'*impératif*, le *subjonctif* et l'*infinitif*.

64. — Le verbe est au mode *indicatif*, quand on *indique* simplement que la chose est, *je lis* ; ou qu'elle a été, *tu as lu* ; ou qu'elle sera, *nous lirons.*

Le mode indicatif renferme huit temps : le présent, l'imparfait, le passé défini, le passé indéfini, le passé antérieur, le plus-que-parfait, le futur simple et le futur antérieur.

Je lis est au mode *indicatif* et au temps *présent*, car j'indique simplement ce que je fais en ce moment.

---

(1) Quoique le participe soit généralement considéré comme une espèce particulière de mot, cependant comme il se place à la suite de l'infinitif dans la conjugaison, si bien que quelques grammairiens en font un sixième mode, nous le rattachons tout simplement au verbe ; ce qui du reste n'apporte aucun changement à la manière de faire l'analyse grammaticale.

Tu as lu est au mode *indicatif* et au temps *passé indéfini*, car j'indique simplement ce que tu as fait dans un temps passé non déterminé.

Nous lirons est au mode *indicatif* et au temps *futur*, car j'indique simplement ce que nous ferons dans un temps à venir.

65. — Le verbe est au mode *conditionnel*, quand on dit qu'une chose serait ou qu'elle aurait été moyennant une *condition*. Exemples : *Pierre* lirait, *s'il savait lire. Nous* aurions lu, *si vous l'aviez demandé.*

Le mode conditionnel renferme trois temps : un présent et deux passés. *Pierre* lirait, *s'il savait lire* ; le verbe *lirait* est au mode *conditionnel* et au temps *présent*, car il exprime ce que Pierre ferait en ce moment, moyennant cette condition, *s'il savait lire.*

Nous aurions lu, *nous eussions lu, si vous l'aviez demandé* ; le verbe *aurions lu, eussions lu* est au mode *conditionnel* et au temps *passé.*

66. — Le verbe est au mode *impératif*, quand on commande de faire la chose : lis, lisez; venez *demain.*

Le mode impératif n'a qu'un temps, qui sert pour exprimer le présent aussi bien que le futur. *Lis, lisez*, sont au mode *impératif* et au temps *présent*, car on commande de lire actuellement. *Venez demain* est au mode *impératif* et au temps *futur*, car on commande de venir demain, c'est-à-dire dans un temps à venir.

REMARQUE. Dans l'analyse on se contente d'indiquer le mode impératif, sans dire si le temps est présent ou futur.

67. — Le verbe est au mode *subjonctif*, quand il dépend d'un autre verbe et qu'il présente la chose, action ou état, comme subordonnée à une autre, ou exprimée d'une manière incertaine.

Le mode subjonctif a quatre temps : un présent, qui sert en même temps pour le futur, un imparfait, un passé et un plus-que-parfait.

Exemples : *Je veux* qu'il lise *maintenant. Qu'il lise* est au mode *subjonctif*, car ce verbe dépend du verbe *je veux*, et présente l'action de lire comme subordonnée à ma volonté ; il est au temps *présent*, car il exprime que la personne doit lire maintenant.

Je veux qu'il *lise dans deux heures*. Ici le verbe *qu'il lise* est au temps *futur* du mode *subjonctif*, car il exprime que l'action de lire, conséquence de ma volonté, doit se faire dans un temps à venir.

68. — Le verbe est au mode *infinitif*, c'est-à-dire *indéfini*, *indéterminé*, quand il exprime l'action ou l'état d'une manière générale, sans nombre ni personne. L'infinitif a deux temps : le présent et le passé. Exemples : *Lire, être*; ces verbes sont au mode *infinitif* et au temps *présent.—Avoir lu*, *avoir été* sont au mode *infinitif* et au temps *passé*.

69.—**Participe**. Le *participe*, que plusieurs grammairiens considèrent comme un sixième mode du verbe, est un mot qui tient à la fois de la nature du verbe et de la nature de l'adjectif (1).

Il y a deux participes : le *participe présent*, qui est toujours terminé en *ant* : *aimant, finissant, recevant, rendant*, et le *participe passé*, dont la terminaison n'est pas la même pour tous les verbes, tels sont *aimé, fini, reçu, écrit, pris, ouvert*, etc.

70.—Le participe est *verbe* quand il exprime que l'on fait ou que l'on a fait quelque chose, comme lorsqu'on dit : lisant *un livre*, obéissant *à sa mère, j'ai* lu *ce livre, il a* obéi *à sa mère*.

Il est *adjectif* quand il exprime la qualité, la manière d'être d'une personne ou d'une chose, comme dans ces phrases : *Des enfants honnêtes et* obéissants ; *des livres* lus ; *un vieillard* respecté ; *un cahier bien* écrit, *des pages bien* écrites.

On voit que dans ce cas il s'accorde, comme tous les adjectifs, en genre et en nombre avec le nom auquel il se rapporte.

71. — REMARQUE. Le participe terminé en *ant* s'appelle *adjectif verbal*, lorsqu'il est employé comme adjectif.

_____

(1) Le mot *participe* vient du verbe *participer de*, qui signifie *tenir de la nature de*.

72.—Conjugaisons. Il y a en français quatre conjugaisons différentes, que l'on distingue par la terminaison du présent de l'infinitif.

La première conjugaison a l'infinitif terminé en *er*, comme *aimer.*

La deuxième a l'infinitif terminé en *ir*, comme *finir.*

La troisième a l'infinitif terminé en *oir*, comme *recevoir.*

La quatrième a l'infinitif terminé en *re*, comme *rendre.*

EXERCICES SUR LA SEPTIÈME LEÇON.

[Faites l'analyse comme dans les exercices de la leçon précédente; indiquez de plus le mode des verbes, la conjugaison, les adjectifs verbaux, les participes présents, ainsi que les participes passés lorsqu'ils ne forment pas avec l'auxiliaire *avoir* un temps composé d'un verbe. Si le participe passé est construit avec *être*, vous le considérerez comme adjectif.(1).]

25ᵉ EXERCICE.

A ces mots, Adimante, chef des Corinthiens, partisan déclaré de l'avis contraire, a de nouveau recours à l'insulte. « Est-ce à un homme, dit-il, qui n'a ni feu ni lieu, qu'il convient de donner des lois à la Grèce? Que Thémistocle réserve ses conseils pour le temps où il pourra se flatter d'avoir une patrie.—Eh quoi! s'écrie Thémistocle, on oserait, en présence des Grecs, nous faire un crime d'avoir abandonné un vain amas de pierres pour éviter l'esclavage? Athènes est détruite, mais les Athéniens existent; ils ont une patrie mille fois plus florissante que la vôtre. »

Modèle d'analyse.

Ces, adj. démonst. m. pl. se rapportant à *mots*.
mots, nom com. m. pl.
Adimante, nom propre, m. s.

---

(1) Ceci est conforme à ce que nous avons dit dans notre grammaire concernant le *verbe passif* français, qui n'est autre chose que le verbe essentiel *être* suivi d'un attribut; les temps composés des verbes intransitifs qui prennent l'auxiliaire *être* sont dans le même cas. Il y a d'ailleurs avantage pour l'élève à considérer dès ce moment le participe passé construit avec *être* comme un adjectif: l'une des règles du participe passé se trouve ainsi être la même que la grande règle d'accord de l'adjectif avec le nom auquel il se rapporte.

chef, nom com. employé comme adj. qualif. m. s. se rapportant à *Adimante*.

des (de les) ; *les*, art. m. pl. se rapportant à *Corinthiens*.

Corinthiens, nom propre, m. pl.

partisan, nom com. pris adjectivement, m. s. se rapportant à *Adimante*.

déclaré, participe adj. m. s. se rapportant à *partisan*.

l' (le), art. m. s. se rapportant à *avis*.

avis, nom com. m. s.

contraire, adj. qualif. m. s. se rapportant à *avis*.

a, v. attributif, 3ᵉ pers. du s. du prés. de l'indic. 3ᵉ conjug.

recours, nom com. m. s.

l' (la), art. f. s. se rapportant à *insulte*.

insulte, nom com. f. s.

Est, v. essentiel, 3ᵉ pers. du s. du prés. de l'indic. 4ᵉ conjug.

ce, pron. démonst. m. s.

un, adj. num. cardin. m. s. se rapportant à *homme*.

homme, nom com. m. s.

dit, v. attributif, 3ᵉ pers. du s. du prés. de l'indic. 4ᵉ conjug.

il, pron. pers. 3ᵉ pers. du m. s. rappelant l'idée d'*Adimante*.

qui, pron. conj. 3ᵉ pers. m. s. son antéc. est *homme*.

a, v. attributif, 3ᵉ pers. du s. du prés. de l'indic. 3ᵉ conjug.

feu, nom com. m. s.

lieu, nom com. m. s.

il, pron. pers. pris impersonnellement, 3ᵉ pers. m. s.

convient, v. attributif, 3ᵉ pers. du sing. du prés. de l'indic. 2ᵉ conjug.

donner, v. attributif, au prés. de l'infin. 1ʳᵉ conjug.

des (de les) ; *les*, art. f. pl. se rapportant à *lois*.

lois, nom com. f. pl.

la, art. f. s. se rapportant à *Grèce*.

Grèce, nom propre, f. s.

Thémistocle, nom propre, m. s.

réserve, v. attributif, 3ᵉ pers. du sing. du prés. du subj. 1ʳᵉ conjug.

ses, adj. poss. m. pl. se rapportant à *conseils*.

conseils, nom com. m. pl.

le, art. m. s. se rapportant à *temps*.

temps, nom. com. m. s.

il, pron. pers. 3ᵉ pers. m. s. rappelant l'idée de *Thémistocle*.

pourra, v. attributif, 3ᵉ pers. du s. du futur, 3ᵉ conjug.

se, pron. pers. 3ᵉ pers. m. s. rappelant l'idée de *Thémistocle*.

flatter, v. attributif, au prés. de l'infin. 1ʳᵉ conjug.

avoir, v. attributif, au prés. de l'infin. 3ᵉ conjug.

une, adj. num. cardinal, f. s. se rapportant à *patrie*.

patrie, nom com. f. s.

s' (se), pron. pers. 3ᵉ pers. m. s. rappelant l'idée de *Thémistocle*.

écrie, v. attributif, 3ᵉ pers. du sing. du prés. de l'indic. 1ʳᵉ conjug.

Thémistocle, nom propre, m. s.

on, pron. indéf. 3ᵉ pers. m. s.

oserait, v. attributif, 3ᵉ pers. du sing. du condit. prés.
1ʳᵉ conjug.
présence, nom com. f. s.
des (de les); *les*, art. m. pl. se rapportant à *Grecs*.
Grecs, nom propre, m. pl.
nous, pron. pers. 1ʳᵉ pers. m. pl.
faire, v. attributif, au prés. de l'infin. 4ᵉ conjug.
un, adj. num. cardinal, m. s. se rapportant à *crime*.
crime, nom com. m. s.
avoir abandonné, v. attributif, au passé de l'infin. 1ʳᵉ conjug.
un, adj. num. cardinal, m. s. se rapportant à *amas*.
vain, adj. qual. m s. se rapportant à *amas*.
amas, nom com. m. s.
pierres, nom com. f. pl.
éviter, v. attributif, au prés. de l'infin. 1ʳᵉ conjug.
l' (le), art. m. s. se rapportant à *esclavage*.
esclavage, nom com. m. s.
Athènes, nom propre, f. s.
est, v. essentiel, 3ᵉ pers. du s. du prés. de l'indic. 4ᵉ conjug.
détruite, participe adjectif, f. s. se rapportant à *Athènes*.
les, art. m. pl. se rapportant à *Athéniens*.
Athéniens, nom propre, m. pl.
existent, v. attributif, 3ᵉ pers. du pl. du prés. de l'indic.
1ʳᵉ conjug.
ils, pron. pers. 3ᵉ pers. m. pl. rappelant l'idée d'*Athéniens*.
ont, v. attributif, 3ᵉ pers. du pl. au prés. de l'indic. 3ᵉ conjug.
une, adj. num. cardinal, f. s. se rapportant à *patrie*.
patrie, nom com. f. s.
mille, adj. num. cardinal, invariable.
fois, nom com. f. pl.
florissante, adj. verbal, f. s. se rapportant à *patrie*.
la vôtre, pron. poss. f. s. tenant lieu de *votre patrie*.

26ᵉ EXERCICE.

Ce sont ces deux cents vaisseaux qui leur appartiennent, et que je commande; je les offre encore : mais ils resteront en ces lieux. Si on refuse leur secours, tel Grec qui m'écoute apprendra bientôt que les Athéniens possèdent une ville plus opulente et des campagnes plus fertiles que celles qu'ils ont perdues. » Et s'adressant tout de suite à Eurybiade : « C'est à vous maintenant de choisir entre l'honneur d'avoir sauvé la Grèce et la honte d'avoir causé sa ruine. »

27ᵉ EXERCICE.

La fermeté du général athénien imposa tellement, qu'Eurybiade ordonna que l'armée ne quitterait point les rivages de Salamine. — Les mêmes intérêts s'agitaient en même temps sur les deux flottes. Xerxès avait convoqué, sur un de ses vaisseaux, les chefs des divisions particulières dont son armée navale était composée. Dans cette assemblée auguste parut Artémise, reine d'Halicarnasse, qui avait suivi Xerxès sans y être forcée, et lui disait la vérité sans lui déplaire.

28ᵉ EXERCICE.

Le roi de Sidon et la plupart de ceux qui opinèrent avec lui, instruits des intentions du grand roi, se déclarèrent pour la bataille. Mais Artémise dit à Mardonius : « Rapportez en propres termes à Xerxès ce que je vais vous dire : Seigneur, après ce qui s'est passé au dernier combat naval, on ne me soupçonnera point de faiblesse et de lâcheté. Mon zèle m'oblige aujourd'hui à vous donner un conseil salutaire. Ne hasardez pas une bataille dont les suites seraient inutiles ou funestes à votre gloire. » (*L'abbé Barthélemy.*)

8ᵉ LEÇON. — DE L'ADVERBE.

73. — ADVERBE. L'*adverbe* est un mot que l'on joint au verbe, à l'adjectif ou à un autre adverbe, pour en modifier la signification. Par exemple, si l'on dit : *Cet enfant mange proprement*, le mot proprement modifie la signification du verbe *mange*; c'est-à-dire qu'il donne à ce verbe un sens particulier, qu'il n'aurait point si l'on disait seulement, *cet enfant mange*.

74. — On distingue plusieurs sortes d'adverbes :

1° Adverbes de *manière*, tels que :

Proprement	Poliment	Comment
Sagement	Vainement	Exprès, etc.

Presque tous les adverbes de manière sont terminés en *ment* et formés d'un adjectif, comme *proprement*, de *propre*; *sagement*, de *sage*; *poliment*, de *poli*.

2° Adverbes qui marquent l'*ordre*, le *rang*, comme :

Premièrement	Auparavant	Après
Secondement	Ensuite	Enfin, etc.
Troisièmement	Puis	

3° Adverbes qui marquent le *lieu* :

Où	Dessous	Loin	Ailleurs
Ici	Devant	Dedans	Autour
Là	Derrière	Dehors	Alentour, etc.
Dessus	Partout	Y *signifiant* là	

4° Adverbes de *temps* :

Hier	Après-demain	Tantôt	Jamais
Avant-hier	Autrefois	Souvent	Maintenant
Aujourd'hui	Jadis	Quelquefois	Naguère
Demain	Bientôt	Toujours	Longtemps, etc.

5° Adverbes de *quantité* :

Beaucoup	Trop	Entièrement	Combien
Extrêmement	Tant	Tout	Que (*sing.* combien)
Assez	Très	Presque	Si, etc.
Peu	Davantage	Encore	

Il faut bien remarquer que le mot *si* n'est adverbe que lorsqu'il signifie *à tel point, tellement,* comme dans cette phrase : *Il fait si froid que la rivière est gelée* : c'est-à-dire *il fait* tellement *froid,* etc.; ou encore, lorsqu'il est mis pour *aussi : Il n'est pas si sage que vous* (Acad.); autrement le mot *si* est conjonction.

6° Adverbes de *quantité* qui marquent en même temps la *comparaison* :

Plus	Mieux	Aussi
Moins	Autant	Si (*pour* aussi).

7° Adverbes qui expriment l'*affirmation*, la *négation*, le *doute* :

Certes	Volontiers	Peut-être, etc.
Vraiment	Nullement	
D'accord	**Ne**	

75. — REMARQUES. **I.** Certains adjectifs sont quelquefois employés comme adverbes ; on dit : Chanter *juste*, parler *bas*, voir *clair*, rester *court*, frapper *fort*, sentir *bon*, marcher *droit*.

II. L'adverbe *où* prend un accent grave. Ce mot est adverbe quand il exprime le lieu, comme *où allez-vous ?* c'est-à-dire *en quel lieu allez-vous ?* Si le mot *ou* signifie *ou bien*, comme dans *Pierre ou Paul*, il est conjonction et s'écrit sans accent.

III. On appelle *locution adverbiale* une réunion de mots faisant fonction d'adverbe. Voici les locutions adverbiales les plus usitées :

1° De manière : *à tort, à regret, à la hâte, à l'envi, avec sagesse, avec soin, en vain, par hasard*, etc.

2° De lieu : *au delà, en deçà, au-dessus, au-dessous, en haut, en bas, à côté, nulle part*, etc.

3° De temps : *plus tôt, dans peu, depuis peu, d'abord*, etc.

4° De quantité : *tout à fait, à tel point, au plus, de plus, le plus, le moins, au moins*, etc.

5° D'affirmation, de négation, de doute : *sans doute, point du tout, ne pas, ne point, non pas, si fait*, etc.

6° On doit aussi considérer comme locutions adverbiales les mots *voici, voilà*, contraction de *vois ici, vois là, voyez ici, voyez là*.

EXERCICES SUR LA HUITIÈME LEÇON.

[Faites l'analyse comme dans les exercices précédents ; indiquez de plus les adverbes et les locutions adverbiales.]

29ᵉ EXERCICE.

1. Les loups mangent gloutonnement. (*La Fontaine.*) — 2. Il y a déjà assez longtemps que l'on nous faisait attendre votre venue. (*Fénelon*) — 3. Immédiatement après le dernier jour de folie, trop souvent marqué par nos excès, venait la cérémonie des cendres. (*Chateaubriand.*) — 4. Combien de véritables pauvres, que l'on rebute comme s'ils ne l'étaient pas ! (*Bourdaloue.*) — 5. Que de bassesses pour parvenir ! Il faut paraître, non pas tel qu'on est, mais tel qu'on nous souhaite. (*Massillon.*)—6. Ils étudient à l'envi. (*Acad.*)

Modèle d'analyse.

1. *Les*, art. m. pl. se rapportant à *loups*.
loups, nom com. m. pl.
mangent, v. attrib., 3ᵉ pers. du pl. du prés. de l'indic. 1ʳᵉ conj.
gloutonnement, adverbe.
2. *Il*, pron. pers. pris impersonnellement, 3ᵉ pers. m, s.
y, adverbe.
a, v. attributif, 3ᵉ pers. s. du prés. de l'indic. 3ᵉ conjug.

déjà, assez et *longtemps,* adverbes.

l'on, pron. indéf. m. s.

nous, pron. pers. 1re pers. du pl. et du **m.** ou du f. suivant les personnes qui parlent.

faisait, v. attributif, 3e pers. du s. de l'imparf. de l'indic. 4e conjug.

attendre, v. attributif, au prés. de l'inf. 4e conjug.

votre, adj. poss. f. s. se rapportant à *venue.*

venue, nom com. f. s.

3. *Immédiatement,* adverbe.

le, art. m. s. se rapportant à *jour.*

dernier, adj. num. ordinal, m. s. se rapportant à *jour.*

jour, nom com. m. s.

folie, nom com. f. s.

trop et *souvent,* adverbes.

marqué, participe adj. m. s. se rapportant à *jour.*

nos, adj. poss. m. pl. se rapportant à *excès.*

excès, nom com. m. pl.

venait, v. attributif, 3e pers. du s. à l'imparf. de l'indic. 2e conjug.

la, art. f. s. se rapportant à *cérémonie.*

cérémonie, nom com. f. s.

des (de les); *les,* art. f. pl. se rapportant à *cendres.*

cendres, nom com. f. pl.

4. *Combien,* adverbe.

véritables, adj. qualif. m. pl. se rapportant à *pauvres.*

pauvres, adj. employé comme nom com. m. pl.

que, pron. conj. 3e pers. m. pl. ayant pour antéc. *pauvres.*

l'on, pron. indéf. m. s.

rebute, v. attributif, 3e pers. du s. au prés. de l'indic. 1re conjug.

ils, pron. pers. 3e pers. m. pl. rappelant l'idée de *pauvres.*

ne pas adverbe.

l' (le), pron. pers. 3e pers. m. s. signifiant *cela* (pauvres).

étaient, v. essentiel, 3e pers. du pl. à l'imparf. de l'indic. 4e conjug.

5. *Que* (combien), adverbe.

bassesses, nom com. f. pl.

parvenir, v. attributif, au prés. de l'infin. 2e conjug.

il, pron. pers. employé impersonnellement, 3e pers. m. s.

faut, v. attributif, 3e pers. du s. au prés. de l'indic. 3e conjug.

paraître, v. attributif, au prés. de l'infin. 4e conjug.

non pas, locution adverbiale.

tel, adj. indéf. m. s. se rapportant à *on.*

on, pron. indéf. m. s.

est, v. essentiel, 3e pers. du s. au prés. de l'indic. 4e conjug.

tel, adj. indéf. m. s. se rapportant à *on.*

on, pron. indéf. m. s.

nous, pron. pers. 1re pers. m. pl.

souhaite, v. attributif, 3e pers. du s. au prés. de l'indic. 1re conjug.

6. *Ils*, pron. pers. 3ᵉ pers. m. pl.
étudient, v. attrib. 3ᵉ pers. du pl. au prés. de l'indic, 1ʳᵉ conjug.
à l'envi, locution adverbiale.

30ᵉ EXERCICE.

1. Le rossignol charme toujours et ne se répète jamais. (*Guéneau de Montbeillard.*) — 2. Il ne faut employer aucun terme dont on n'ait auparavant expliqué le sens. (*Pascal.*) — 3. Je cherche en vain à le calmer. (*Acad.*) — 4. Le plaisir de l'étude est aussi tranquille que celui des autres passions est inquiet. (*L'abbé Girard.*) — 5. Bientôt on découvre deux hommes ou plutôt deux spectres, l'un couché, l'autre debout. (*Chateaubriand.*) — 6. Cela me plaît davantage. (*Acad.*)

31ᵉ EXERCICE.

1. Adraste remonta promptement sur les bords du fleuve. (*Fénelon.*) — 2. Il est maintenant aisé de connaître les causes de l'élévation et de la chute de Rome. (*Bossuet.*) — 3. Il était dans un état tout à fait déplorable. (*Acad.*) — 4. Il croit voir un prie-Dieu, il se jette lourdement dessus. (*La Bruyère.*) — 5. La mort me sera moins triste que la vue d'une telle injustice. (*Rollin*). — 6. C'est un écervelé qui parle toujours au hasard. (*Acad.*)

32ᵉ EXERCICE.

1. La fortune ne paraît jamais si aveugle qu'à ceux à qui elle ne fait point de bien. (*La Rochefoucauld.*) — 2. Les gens de lettres n'ont point encore prononcé unanimement entre Cicéron et Démosthènes. (*Le cardinal Maury.*) — 3. Vous n'avez point sans doute oublié que ce même Nicias est celui qui plaida votre cause dans l'assemblée des Athéniens. (*Rollin.*) — 4. Les jurés l'ont à regret déclaré coupable. (*Acad.*) — 5. La puissance animale est d'un ordre bien supérieur à la végétale. (*Bern. de Saint-Pierre.*)

9ᵉ LEÇON. — DE LA PRÉPOSITION.

76. — PRÉPOSITION. La *préposition* est un mot qui, placé devant un nom, un pronom ou un verbe, sert à le joindre au mot qui le précède, pour compléter le sens de ce mot.

Par exemple, quand je dis : *Le fruit de l'arbre,* le mot *de* joint le nom *arbre* au nom *fruit,* pour compléter le sens du mot fruit. Nous voyons ici le rapport qu'il y a entre *fruit* et *arbre* : le *fruit* vient de *l'arbre* ; c'est un rapport d'origine. Le mot *de* est une préposition.

De même quand je dis : *Nous allons* à *Paris,* le mot *à* joint le nom *Paris* au verbe *nous allons,* pour compléter le sens de ce verbe, en exprimant le rapport qu'il y a entre notre action d'aller et la ville de Paris ; c'est un rapport de but, de tendance. Le mot *à* est une préposition.

77. — Les principales prépositions sont :

à	depuis	hors	pour
afin de	derrière	jusqu'à	sans
après	dès	malgré	sauf
avant	devant	moyennant	selon
avec	durant	nonobstant	sous
chez	en	outre	suivant
contre	entre	par	sur
dans	envers	parmi	vers.
de	hormis	pendant	

78. — Ces prépositions marquent différents rapports :

1° Rapports de *lieu,* de *but,* de *tendance* ; exemples : *Être chez un ami. Étudier pour son instruction. Aller à Rome.*

2° Rapports *d'origine,* de *propriété* : *Les fils de Jacob. Le livre de Pierre.*

3° Rapports *d'ordre,* de *rang* : *La nouvelle est arrivée avant le courrier. Marchez devant moi.*

4° Rapports *d'étendue,* de *temps* : *Depuis la création jusqu'au déluge. Pendant la guerre.*

5° Rapports *d'union,* de *conformité* : *Partir avec son ami. Se conduire selon la raison.*

6° Rapports *d'exception,* de *séparation* : *Tout est perdu hors l'honneur. Les soldats sans les officiers.*

7° Rapports *d'opposition* : *Plaider contre quelqu'un. Il a fait cela nonobstant mes représentations.*

8° Rapports de *moyen*, etc. : *Fléchir* par *ses prières. J'espère*, moyennant *la grâce de Dieu.*

79. — REMARQUES. I. On appelle *locutions prépositives* des prépositions composées en général :

1° D'un nom et des prépositions *à, de, en, par*, comme *à la place de, à cause de, à force de, à l'égard de, en raison de, en dépit de, par rapport à*, etc.

2° D'un adverbe et de la préposition *de*, comme *auprès de, autour de, loin de*, etc.

II. On met un accent grave sur la préposition *à*, pour la distinguer de la troisième personne du singulier du verbe *avoir* ; exemple: *Il a une maison à Paris.* On met aussi un accent grave sur la préposition *dès*, pour la distinguer de l'article contracté *des* ; exemple: *Cette rivière est navigable* dès *sa source.*

III. Il y a des prépositions, telles que *avant, après, derrière, devant*, qui s'emploient quelquefois comme adverbes. Exemples : *Vous irez* devant, *et moi* derrière.

IV. Les participes *attendu, vu, concernant, touchant, durant, suivant, excepté, supposé, passé*, sont des prépositions, lorsqu'ils sont devant un nom. Alors

Attendu et *vu*	signifient	*à cause de, eu égard à*
Concernant et *touchant*. . . .		*sur* ou *de*
Durant.		*pendant*
Suivant.		*selon*
Excepté.		*hormis*
Supposé.		*dans la supposition de*
Passé.		*après.*

Exemples : *Nous n'avons pu partir, attendu le mauvais temps*, c'est-à-dire *à cause du mauvais temps. Vous lui direz deux mots touchant cette affaire*, c'est-à-dire *sur cette affaire, de cette affaire.*

Y compris, non compris et *ci-joint*, devant un nom, sont aussi des prépositions.

V. Le mot *sauf* n'est préposition que devant un nom : *Sauf erreur* ; *sauf votre approbation.* Il est adjectif quand il signifie *sauvé, en bon état*, et il fait au féminin *sauve* ; exemple : *La vie sauve.*

EXERCICES SUR LA NEUVIÈME LEÇON.

[Faites l'analyse comme dans les exercices précédents ; ajoutez-y l'indication des prépositions et des locutions prépositives.]

33e EXERCICE.

1. Ils poursuivirent ensuite le reste des galères et les poussèrent contre le rivage. (*Rollin.*) — 2. Nous mettons des vignobles dans les vallées et des prairies sur les collines. (*B. de*

Saint-Pierre.)—3. Le gouverneur fit mettre Paul entre les mains du chirurgien ; et nous cherchâmes, de notre côté, le long du rivage, si la mer n'y apporterait point le corps de Virginie. (*Id.*) — 4. Il m'a entretenu touchant vos intérêts. (*Acad.*)—5. Voilà l'ennemi. (*Id.*)

Modèle d'analyse.

1. *Ils,* pron. pers. 8e pers. m. pl.
   poursuivirent. v. attributif, 3e pers. du pl. au passé défini, 4e conjug.
   ensuite, adverbe.
   le, art. m. s. se rapportant à *reste.*
   reste, nom com. m. s.
   des (de les) — *de,* préposition.
   les, art. f. pl. se rapportant à *galères.*
   galères, nom com. f. pl.
   les, pron. pers. f. pl. 3e pers. rappelant l'idée de *galères.*
   poussèrent, v. attributif, 3e pers. du pl. au passé défini, 1re conjug.
   contre, préposition.
   le, art. m. s. se rapportant à *rivage.*
   rivage, nom com. m. s.
2. *Nous,* pron. pers. 1re pers. m. pl.
   mettons, v. attributif, 1re pers. du pl. au prés. de l'indic. 4e conjug.
   des (de les) — *de,* préposition.
   les, art. m. pl. se rapportant à *vignobles.*
   vignobles, nom com. m. pl.
   dans, préposition.
   les, art. f. pl. se rapportant à *vallées.*
   vallées, nom com. f. pl.
   des (de les) — *de,* préposition.
   les, art. f. pl. se rapportant à *prairies.*
   prairies, nom com. f. pl.
   sur, préposition.
   des (de les) — *de,* préposition.
   les. art. f. pl. se rapportant à *collines.*
   collines, nom com. f. pl.
3. *Le,* art. m. s. se rapportant à *gouverneur.*
   gouverneur, nom com. m. s.
   fit, v. attributif, 3e pers. du sing. au passé défini, 4e conjug.
   mettre, v. attributif, au prés. de l'infin. 4e conjug.
   Paul, nom propre, m. s.
   entre, préposition.
   les, art. f. pl. se rapportant à *mains.*
   mains, nom com. f. pl.
   du (de le) — *de,* préposition.
   le, art. m. s. se rapportant à *chirurgien.*
   chirurgien, nom com. m. s.

nous, pron. pers. 1ʳᵉ pers. m. pl.

cherchâmes, v. attributif, 1ʳᵉ pers. du pl. au passé défini, 1ʳᵉ conjug.

de notre côté, locution adverbiale, composée de la préposition *de*, de l'adj. poss. *notre*, m. s. et du nom com. *côté*, m. s.

le long du (le long de le), *le long de*, locution prépositive, composée de l'art. *le*, du nom com. *long*, m. s. et de la préposition *de*.

le, art. m. s. se rapportant à *rivage*.

rivage, nom com. m. s.

la, art. f. s. se rapportant à *mer*.

mer, nom com. f. s.

ne point, adverbe.

y (là), adverbe.

apporterait, v. attributif, 3ᵉ pers. du s. au condit. prés. 1ʳᵉ conjug.

le, art. m. s. se rapportant à *corps*.

corps, nom com. m. s.

de, préposition.

Virginie, nom propre, f. s.

4. *Il*, pron. pers. 3ᵉ pers. m. s.

m' (me), pron. pers. 1ʳᵉ pers. s. des 2 genres, et ici du m.

a entretenu, v. attributif, 3ᵉ pers. du s. au passé indéf. 2ᵉ conjug.

touchant, préposition.

vos, adj. poss. m. pl. se rapportant à *intérêts*.

intérêts, nom com. m. pl.

5. *Voilà*, locution adverbiale.

l' (le), art. m. s. se rapportant à *ennemi*.

ennemi, adj. employé comme nom, m. s.

34ᵉ EXERCICE.

1. Selon cet ordre admirable, toute la nature angélique a ensemble une immortelle beauté. (*Bossuet.*) — 2. On voit accourir de savants artistes avec des sonates merveilleuses. (*Châteaubriand.*) — 3. J'en viendrai à bout en dépit de lui. (*Acad.*)—4. Il faut se gouverner suivant le temps et le lieu. (*Id.*)— 5. Depuis le dimanche qui précède l'Ascension jusqu'à la Pentecôte, il y a à Venise une des plus célèbres foires du monde. (*Saint-Réal.*)

35ᵉ EXERCICE.

1. Ceux des mille soldats qui seront venus sans armes iront s'armer chez l'ambassadeur. (*Saint-Réal.*) — 2. Au lieu de hasarder contre les Grecs une bataille générale, Memnon

voulait qu'on leur disputât tous les passages. (*Bossuet.*) —
3. Une fontaine coulait au milieu de la cour, et formait un
petit canal le long d'un tapis vert. (*Fénelon.*) — 4. J'aime
tous les hommes, excepté les méchants. (*Lemare.*)—5. Voici
le livre dont on a parlé. (*Acad.*)

<h3 align="center">36ᵉ EXERCICE.</h3>

1. D'abord il fit tout ce qu'il put, sous divers prétextes,
pour cacher sa modestie. (*Fénelon.*) — 2. Télémaque, ne
voyant point son père Ulysse parmi tous ces rois, cher-
cha du moins des yeux le divin Laërte, son grand-père. (*Id.*)
— 3. Après avoir marché pendant trois heures par des ter-
rains à demi cultivés, nous entrâmes dans un désert qui ne
finit qu'à la vallée de la Laconie. (*Châteaubriand.*) — 4.
Votre punition est fort douce, attendu la gravité de votre
faute.

10ᵉ LEÇON. — DE LA CONJONCTION ET DE L'INTERJECTION.

80. — CONJONCTION. La *conjonction* est un mot qui sert
à joindre ensemble soit les mots, soit les phrases ou les membres de phrase.

81. — La conjonction joint : 1° Un nom à un nom, ou un
pronom à un nom, ou enfin deux pronoms entre eux ; exemples : *Pierre* et *Paul sont obéissants. Nous attendons votre
frère* ou *vous. Lui et moi nous sommes d'accord.*

2° Un adjectif à un adjectif : *Dieu est juste et bon.*

3° Un verbe à un verbe : *Je plie et ne romps pas.* (*La
Fontaine.*)

4° Un membre de phrase à un autre : Exemples : *Je crois
que vous pleurez. Nous irons nous promener si vous avez
le temps.* Ici la conjonction *que* joint le membre de phrase
vous pleurez au membre de phrase *je crois* ; et la conjonction *si* joint *vous avez le temps* à *nous irons nous promener.*

82.—Voici les principales conjonctions :

Et	Car	Lorsque	Soit (répété)
Que	Or	Comme	Afin (1).
Ni	Donc	Sinon	
Mais	Ou	Quoique	
Si	Quand	Cependant	

83. — REMARQUES. I. On appelle *locution conjonctive* toute réunion de mots qui sont employés comme conjonction, tels que *afin que, ainsi que, dès que, de peur que, parce que, tandis que, pendant que, ou bien, d'ailleurs*, etc.

II. Nous avons vu que le mot *que* est pronom conjonctif quand il peut se remplacer par *lequel, laquelle, lesquels, lesquelles*, ou par *quelle chose?* et qu'il est adverbe quand il signifie *combien*; il est conjonction lorsqu'il sert à joindre deux verbes ou deux membres de phrase, comme dans *je crois que vous pleurez.*

III. La conjonction *ou* signifie *ou bien*: *Appeler Pierre ou Paul.* Il ne faut pas la confondre avec l'adverbe *où*, qui prend un accent grave.

IV. Le mot *si* est adverbe quand il signifie *à tel point, tellement*, comme dans *il fait si froid que la rivière est gelée*; ou encore, lorsqu'il est mis pour *aussi*, comme dans *il n'est pas si sage que vous*. Dans le cas contraire, il est conjonction; exemple: *Je ne sais si j'aurai le temps.*

84. — INTERJECTION. L'*interjection* est un mot qui exprime les sentiments vifs et subits de l'âme : c'est une sorte de cri de *joie*, de *douleur*, de *surprise*, etc. Exemples:

Pour exprimer la joie : *Ah! Bon!*

la douleur : *Ahi! Ah! Hélas!*

la crainte, la surprise : *Ha! Hé!*

l'admiration : *Oh! O! Eh!*

l'aversion : *Fi! Fi donc!*

Pour appeler : *Holà! Hé!*

Pour encourager : *Çà! Allons!*

Pour faire taire : *Chut!*

85. — Il faut ajouter à cette liste beaucoup de mots qui s'emploient quelquefois comme interjections, tels que *paix! silence! peste! courage! ciel! miséricorde!* et que l'on peut désigner sous le nom d'*exclamations*.

On peut aussi considérer comme interjections un certain nombre de mots qui tiennent lieu d'une phrase entière, tels que *oui, non, bonjour, bonsoir, adieu.*

(1) *Afin* est une conjonction (*Acad.*); *afin de* est considéré comme une préposition ou locution prépositive, à cause de la préposition *de*.

EXERCICES SUR LA DIXIÈME LEÇON.

[Faites l'analyse comme dans les exercices précédents; ajoutez-y de plus les conjonctions et les interjections.]

37e EXERCICE.

1. Le papillon est plus beau, mieux organisé que la rose. (*B. de Saint-Pierre.*) — 2. Pendant qu'il vivait heureux sans biens dans cette retraite, il aperçut un jour sur le rivage de la mer un vieillard vénérable. (*Fénelon.*) — 3. Cependant quelques-uns du peuple s'échappaient toujours pour passer aux Romains. (*Fleury.*)—4. Oh ! si les oiseaux de proie pouvaient m'enlever ! (*Fénelon.*)—5. Hélas ! j'étais aveugle. (*Id.*)

Modèle d'analyse.

1. *Le*, art. m. s. se rapportant à *papillon*.
papillon, nom com. m. s.
est, v. essentiel, 3e pers. du s. au prés. de l'indic. 4e conjug.
plus, adverbe.
beau, adj. qualificatif, au compar. de supéri. m. s. se rapportant à *papillon*.
et, conjonction.
mieux, adverbe.
organisé, partic. adj. au compar. de supéri. m. s. se rapportant à *papillon*.
que, conjonction.
la, art. f. s. se rapportant à *rose*.
rose, nom com. f. s.
2. *Pendant que*, locution conjonctive.
il, pron. pers. m. s. 3e pers.
vivait, v. attributif, 3e pers. du s. à l'imparf. de l'indic. 4e conjug.
heureux, adj. qualif. m. s. se rapportant à *il*.
sans, préposition.
biens, nom com. m. pl.
dans, préposition.
cette, adj. démonst. f. s. se rapportant à *retraite*.
retraite, nom com. f. s.
il, pron. pers. m. s. 3e pers.
aperçut, v. attributif, 3e pers. du s. passé défini, 3e conjug.
un jour, locution adverbiale (1).
sur, préposition.
le, art. m. s. se rapportant à *rivage*.
rivage, nom com. m. s.
de, préposition.

---

(1) Nous ne décomposerons plus à l'avenir les locutions adverbiales ni les locutions conjonctives ou prépositives; on pourra cependant exiger que l'élève le fasse.

la, art. f. s. se rapportant à *mer.*

mer, nom com. f. s.

un, adj. num. card. m. s. se rapportant à *vieillard.*

vieillard, nom com. m. s.

vénérable, adj. qualif. m. s. se rapportant à *vieillard.*

3. *Cependant*, conjonction.

quelques-uns, pron. indéf. m. pl.

du (de le) — *de*, préposition.

le, art. m. s. se rapportant à *peuple.*

peuple, nom com. collectif, m. s.

s' (se), pron. pers. 3e pers. m. pl. rappelant l'idée de *quelques-uns.*

échappaient, v. attributif, 3e pers. du pl. à l'imparf. de l'indic. 1re conjug.

toujours, adverbe.

pour, préposition.

passer, v. attributif, au prés. de l'infin. 1re conjug.

aux (à les) — *à*, préposition.

les, art. m. pl. se rapportant à *Romains.*

Romains, nom propre, m. pl.

4. *Oh!* interjection.

si, conjonction.

les, art. m. pl. se rapportant à *oiseaux.*

oiseaux, nom com. m. pl.

de, préposition.

proie, nom com. f. s.

pouvaient, v. attributif, 3e pers. du pl. à l'imparf. de l'indic. 3e conjug.

m' (me), pron. pers. 1re pers. du s. m. ou f. suivant la personne qui parle.

enlever, v. attributif, au prés. de l'infin. 1re conjug.

5. *Hélas !* interjection.

j' (je), pron. pers. 1re pers. du s. m. ou f. suivant la personne qui parle.

étais, v. essentiel; 1re pers. du s. à l'imparf. de l'indic. 4e conjug.

aveugle, adj. qualificatif, s. m. ou f. suivant que le pron. *je*, auquel il se rapporte, est du m. ou du f.

38e EXERCICE.

1. On voit en ce pays peu d'artisans, car ils ne veulent souffrir que les arts qui servent aux véritables nécessités des hommes. (*Fénelon.*) — 2. Pendant ce repas frugal, mais doux et tranquille, Aristonoüs ne voulut point se mettre à table. (*Id.*) — 3. Ah ! dit Gélimer avec un cri de douleur et d'effroi, est-il possible? (*Marmontel.*)

4. Hola ! madame la belette,
   Que l'on déloge sans trompette. (LA FONTAINE.)

3.

39ᵉ EXERCICE.

1. Les princes font beaucoup d'ingrats, parce qu'ils ne donnent pas tout ce qu'ils peuvent. (*Vauvenargues.*) — 2. Il revint quoiqu'on l'eût maltraité. (*Acad.*) — 3. Cessez ce discours, sinon je me retire. (*Id.*) — 4. J'irai aujourd'hui ou demain. (*Id.*) — 5. Où est donc le cadet? je le veux voir aussi, dit encore Rosimond. (*Fénelon.*)

6. Oh! oh! dit-il, je me reproche
Le sang de cette gent ! (*La Fontaine.*)

40ᵉ EXERCICE.

1. Dès que Corinne fut assise, les poëtes romains commencèrent à lire les sonnets et les odes qu'ils avaient composés pour elle. (*Mᵐᵉ de Staël.*) — 2. Quand ce prince était en colère, il n'entendait plus rien et ne connaissait personne. (*De Barante.*) — 3. J'ai pris ce livre afin de le consulter. (*Acad.*) —4. Ah fi! que cela est mal. (*Id.*)

5. Ainsi que la vertu, le crime a ses degrés. (*Racine.*)

1re LEÇON. — BUT DE L'ANALYSE GRAMMA- TICALE. — DU SUJET.

86. — But de l'analyse grammaticale. — Nous avons vu, dans la première partie de ce cours et dans notre grammaire, qu'il y a en français dix espèces de mots. Nous savons en outre que parmi ces mots les uns, qui sont variables, prennent des formes accidentelles, suivant le mode, le temps, le nombre ou la personne; tandis que d'autres mots sont toujours invariables.

87. — Les mots ont chacun une fonction particulière dans l'expression de la pensée, et il existe entre les différents mots d'une phrase certains rapports qui résultent de leurs fonctions. Il importe de connaître ces rapports pour bien comprendre les règles de la syntaxe et pour apercevoir la structure du discours.

88. — La relation des mots entre eux est plutôt du domaine de l'analyse logique que de l'analyse grammaticale. Cependant on peut, dans l'analyse grammaticale, considérer quelques-uns de ces rapports, indiquer certaines fonctions logiques des mots, telles que celles du sujet et des compléments du verbe; on peut aussi étudier la construction de la phrase ainsi que les figures de construction. En effet, la grande règle grammaticale de l'accord du verbe avec son sujet, les règles des participes, la distinction importante des différentes sortes de verbes attributifs, supposent la connaissance du sujet et des compléments; les figures de construction rendent raison d'un grand nombre de règles et expliquent les tours de

phrase, les locutions qui s'écartent de la construction ordinaire. De sorte qu'à moins de faire de l'analyse logique proprement dite avant d'étudier la syntaxe, il est indispensable, en faisant l'analyse grammaticale, d'ajouter aux indications des différentes espèces de mots et de leurs formes accidentelles, quelques emprunts faits à l'analyse logique.

89. — Nous dirons donc que le but de l'analyse grammaticale est l'explication des différentes espèces de mots qui forment une phrase, de leurs formes accidentelles et des principaux rapports qui les unissent dans l'expression de la pensée.

90. — **Du sujet.** On appelle *sujet* du verbe la personne ou la chose qui fait l'action ou qui est dans l'état exprimé par le verbe.

On trouve le sujet en mettant *qui* devant le verbe. La réponse à cette question indique le sujet. Exemples : *Dieu gouverne le monde.*—*Qui* gouverne le monde ? Réponse : *Dieu* ; voilà le sujet du verbe *gouverne.*

Le cheval galope. — *Qui* galope ? Réponse : *le cheval* ; le mot *cheval* est le sujet du verbe *galope.*

L'enfant est sage. — *Qui* est sage ? Réponse : *l'enfant* ; voilà le sujet du verbe *est.*

91. — REMARQUES. I. Le sujet du verbe est ordinairement un nom, comme dans les exemples ci-dessus, ou un pronom, comme dans *je lis, tu joues, il parle* (*je* sujet de *lis*, *tu* sujet de *joues*, *il* sujet de *parle*).

Quelquefois le sujet d'un verbe est un autre verbe à l'infinitif. Exemple : *Manger trop est nuisible à la santé.* (*Manger trop*, sujet du verbe *est.*)

II. Quand le sujet est double, triple, etc. comme dans *Pierre et Paul sont arrivés*, on dit qu'il est multiple.

III. Les pronoms personnels *je, tu, il, ils*, sont toujours sujets du verbe. On peut en dire autant des pronoms *elle, elles.* (1).

IV. Les pronoms *nous* et *vous* ne sont sujets que quand ils répondent à la question *qui*, suivi du verbe. Exemples : *Nous marchons. Vous viendrez me voir.* — Qui marche ? *nous* (sujet de *marchons*) ; qui viendra me voir ? *vous* (sujet de *viendrez*).

Mais dans cette phrase : *Dieu nous voit*, le pronom *nous* n'est point sujet, car en faisant la question *qui nous voit ?* la réponse montre que c'est *Dieu* qui est le sujet du verbe *voit.*

----

(1) Cependant il faut remarquer que les pronoms *elle, elles* sont aussi quelquefois compléments, comme dans les phrases où ils sont employés par apposition; exemple : *Je l'ai donc vue mourir, elle dont les jours m'étaient si chers !*

V. Le pronom indéfini *on* ou *l'on* est toujours sujet ; il est de la troisième personne du singulier. Exemples : *On dit. Si l'on m'appelle.*

VI. Le sujet est placé quelquefois après le verbe. Exemples : *Que fait* votre frère ? (c'est-à-dire, *votre frère* fait quoi ?) — *Que demandez-*vous ? (*Vous* demandez quoi ?) — *Que dit-* on ? (*On* dit quoi ?) — *As-*tu fini ? (Est-ce que *tu* as fini ?) — *Mon ami, dit* Pythagore, *est un autre moi-même* (*Pythagore* dit, etc.)

VII. Le pronom *qui* lorsqu'il est conjonctif, est toujours sujet du verbe qui le suit : *Dieu, qui règne, veut être obéi* ; le pronom *qui* est sujet du verbe *règne* ; *Dieu* est sujet du verbe *veut*.

Lorsque le pronom *qui* est interrogatif, tantôt il est sujet et tantôt il ne l'est pas ; ainsi dans cette phrase : *Qui vient ici ? qui* est sujet du verbe *vient*. Mais dans celle-ci : *Qui demandez-vous ?* le sujet est *vous* et non pas *qui* ; c'est comme si l'on disait : *Vous demandez qui, quelle personne ?*

VIII. Le pronom *ce* suivi de *qui*, de *que* ou d'un autre pronom conjonctif, est souvent sujet ; exemple : *Ce que vous faites me déplaît.* Pour voir si *ce* est sujet, on le remplace par le mot *la chose*, et l'on fait la question *qui ?* devant le verbe : *la chose que vous faites me déplaît.* Qui me déplaît ? Réponse : *la chose* ; donc *la chose*, et par conséquent le pronom *ce*, est sujet du verbe *déplaît* (1).

IX. A l'impératif, le sujet est toujours un pronom sous-entendu. Exemple : *Lisez*, c'est-à-dire *vous, lisez*.

X. Le nom ou le pronom qui désigne la personne ou la chose à laquelle on adresse la parole ou que l'on appelle, que l'on invoque, n'est point sujet d'un verbe ; on dit qu'il est au vocatif ou en apostrophe. Exemples : *Charles, viens ici. Toi, reste là.*

Répondez, *cieux et mers*, et vous, *terre*, parlez. (Racine fils.)

EXERCICES SUR LA PREMIÈRE LEÇON.

41ᵉ EXERCICE.

1. Mélibée avait un air simple, doux et ingénu. (*Fénelon.*) — 2. Nous songions à rendre notre amitié éternelle. (*Rollin.*) — 3. Battre un homme à jeu sûr n'est pas d'une belle âme. (*Molière.*) — 4. Le temps est précieux, mais on n'en connaît pas le prix. (*Fénelon.*)—5. Dites-moi donc, je vous prie, quel est le premier service que vous prétendez rendre à l'État ?

---

(1) Le pronom *ce* est toujours désigné comme étant du genre masculin, en réalité il est du genre neutre ; mais la distinction de ce genre a été jugée parfaitement inutile dans les grammaires élémentaires de la langue française, parce qu'il n'entraîne aucune forme accidentelle différente de celle du genre masculin. « *Ce* est souvent substantif, dit Dumarsais (ce grammairien n'admettait « pas la plupart des pronoms), c'est le *hoc* des Latins ; alors, quoi qu'en disent « nos grammairiens, *ce* est du genre neutre. » (Tome IV, page 296.)

(*Rollin.*) — 6. Je m'étais bien attendu, monsieur, que vous feriez parler de vous. (*Fléchier.*)

Modèle d'analyse.

1. *Mélibée*, nom propre, m. s. sujet du verbe *avait.*
   avait, v. attributif, 3ᵉ pers. du s. à l'imparfait de l'indicatif, 3ᵉ conjug.
   un, adj. num. card. m. s. se rapportant à *air.*
   air, nom com. m. s.
   simple, adj. qualif. m. s. se rapportant à *air.*
   doux, adj. qualif. m. s. se rapportant à *air.*
   et, conjonction.
   ingénu, adj. qualif. m. s. se rapportant à *air.*
2. *Nous*, pron. pers. 1ʳᵉ pers. du plur. m. ou f. suivant les pers. qui parlent, sujet du verbe *songions.*
   songions, v. attributif, 1ʳᵉ pers. du pl. à l'imparf. de l'indic. 1ʳᵉ conjug.
   à, préposition.
   rendre, v. attributif, au prés. de l'infin. 4ᵉ conjug.
   notre, adj. poss. f. s. se rapportant à *amitié.*
   amitié, nom com. f. s.
   éternelle, adj. qualif. f. s. se rapportant à *amitié.*
3. *Battre*, v. attributif au prés. de l'infin. 4ᵉ conjug. sujet du verbe *est.*
   un, adj. num. card. m. s. se rapportant à *homme.*
   homme, nom com. m. s.
   à jeu sûr, locution adverbiale formée de la prépos. *à*, du nom com. m. s. *jeu*, et de l'adj. m. s. *sûr*, qui se rapporte à *jeu.*
   ne pas, adverbe.
   est, v. essentiel, 3ᵉ pers. du s. au prés. de l'indic. 4ᵉ conjug.
   de, préposition (1).
   une, adj. num. card. f. s. se rapportant à *âme.*
   belle, adj. qualificatif, f. s. se rapportant à *âme.*
   âme, nom com. f. s.
4. *Le*, art. m. s. se rapportant à *temps.*
   temps, nom com. m. s. sujet du verbe *est.*
   est, v. essentiel, 3ᵉ pers. du s. au prés. de l'indic. 4ᵉ conjug.
   précieux, adj. qualificatif, m. s. se rapportant à *temps.*
   mais, conjonction.
   on, pron. indéf. m. s. sujet de *connaît.*
   ne pas, adverbe.
   en (de lui), pron. pers. 3ᵉ pers. m. s. rappelant l'idée de *temps.*
   connaît, v. attributif, 3ᵉ pers. du s. au prés. de l'indic. 4ᵉ conjug.
   le, art. m. s. se rapportant à *prix.*
   prix, nom com. m. s.

_____

(1) Il y a ici le mot *fait* sous-entendu : *n'est pas le fait d'une belle âme.*

5. *Dites*, v. attributif, 2e pers. du pl. à l'impératif, 4e conjug.
ayant pour sujet *vous*, sous-entendu.

moi, pron. pers. 1re pers. du s. m. ou f. suivant la personne
qui parle.

donc, conjonction.

je, pron. pers. 1re pers. du s. m. ou f. suivant la personne qui
parle, sujet du v. *prie*.

vous, pron. pers. 2e pers. du pl. mis pour le sing. m. ou f. suivant la personne à qui l'on parle.

prie, v. attributif, 1re pers. du s. au prés. de l'indic, 1re conjug.

quel, adj. indéf. m. s. se rapportant à *service*.

est, v. essentiel, 3e pers. du s. au prés. de l'indic. 4e conjug.

le, art. m. s. se rapportant à *service*.

premier, adj. num. ordinal, m. s. se rapportant à *service*.

service, nom com. m. s. sujet du v. *est*.

que, pron. conjonctif, m. s. 3e pers. ayant pour antécédent *service*.

vous, pron. pers. 2e pers. du pl. pour le sing. m. ou f. etc. sujet
de *prétendez*.

prétendez, v. attributif, 2e pers. du pl. au prés. de l'indic. 4^e
conjug.

rendre, v. attributif au prés. de l'infin. 4e conjug.

à, préposition.

l' (le), art. m. s. se rapportant à *État*.

État, nom com. m. s.

6. *Je*, pron. pers. 1re pers. du s. m. sujet du v. *étais*.

me, pron. pers. 1re pers. du s. m.

étais, v. essentiel, 1re pers. du s. à l'imparf. de l'indic. 4^e
conjug.

bien, adverbe.

attendu, participe adj. m. s. se rapportant à *je*.

monsieur, nom com. m. s. en apostrophe.

que, conjonction.

vous, pron. pers. 2e pers. du pl. pour le sing. m. sujet du v.
feriez.

feriez, v. attributif, 2e pers. du pl. au condit. prés. 4^e
conjug.

parler, v. attributif, au prés. de l'infin, 1re conj.

de, préposition.

vous, pron. pers. 2e pers. du pl. pour le sing. m.

42e EXERCICE.

1. Son père jetait les yeux sur lui, et ses yeux se noyaient
de larmes. (*Fénelon.*) — 2. Vous seriez bien heureux si nous
étions quittes. (*Mme de Sévigné.*) — 3. Tenir vaut mieux mille
fois que d'attendre. (*Corneille.*)— 4. Vous ne sauriez avoir un
plus beau dessein, repartit Socrate. (*Rollin.*) — 5. L'esprit de

l'homme, qui ne connaît qu'imparfaitement, ne saurait prouver parfaitement. (*Vauvenargues.*)— 6. Qui appellerez-vous après moi ?

43e EXERCICE.

1. Avançons pour lui parler. (*Fénelon.*) — 2. Tout ce qui n'est pas Dieu ne saurait remplir notre attente. (*Pascal.*) — 3. Pour tout bruit on entendait le froissement de la proue sur les flots. (*Châteaubriand.*) — 4. Ce que vous dites là est grave. — 5. Savez-vous quelles sont les forces de notre république et quelles sont celles de nos ennemis ? (*Rollin.*) — 6. La vie humaine est semblable à un chemin dont l'issue est un précipice affreux. (*Bossuet.*)

44e EXERCICE.

1. Je ne puis m'empêcher de vous gronder un peu sur ce que vous ne voyez pas assez les gens que vous devriez cultiver. (*Fénelon.*) — 2. Le cheval est de tous les animaux celui qui, avec une grande taille, a le plus de proportion et d'élégance dans les parties de son corps. (*Buffon.*)— 3. Ce que je dis est confirmé par le corps entier de l'histoire. (*Montesquieu.*) — 4. Songez que c'est uniquement la fortune de votre tante qui a fait celle de votre père et qui fera la vôtre. (*Mme de Maintenon.*) — 5. Eh bien ! eh bien ! ma belle, qu'avez-vous à crier comme un aigle ? (*Mme de La Fayette.*)

2e LEÇON.— DES COMPLÉMENTS DES VERBES.

92. — **Complément en général.** On appelle en général *complément* tout mot ou toute réunion de mots qui sert à compléter le sens d'un autre mot. Quand je dis : *Le livre de Pierre est bien relié*, les mots *de Pierre* complètent le sens du sujet *livre* en faisant connaître de quel livre je parle : ces mots sont un complément du sujet. Le mot *Pierre* est lui-même un complément de la préposition *de*, parce qu'il finit, qu'il complète le sens commencé par cette préposition.

De même, quand je dis *Dieu a créé le monde*, les mots *le*

monde complètent le sens du verbe attributif *a créé* en faisant connaître l'objet de l'action exprimée par ce verbe.

93. — Nous ne parlerons ici que des compléments des verbes : nous renvoyons à l'analyse logique pour les compléments du sujet ; quant aux compléments des prépositions, ils ne sauraient donner lieu à aucune difficulté : le complément d'une préposition est toujours le mot ou la réunion de mots qui suit cette préposition.

94. — **Complément des verbes.** On distingue trois sortes de compléments des verbes : le *complément direct*, le *complément indirect*, et le *complément circonstanciel*.

95. — Le *complément direct* est le mot désignant la personne ou la chose qui souffre, qui supporte l'action faite par le sujet, ou qui est l'objet de cette action. Exemples :

Charles pousse son frère. — *Qui est poussé* par Charles ? Réponse : *son frère* ; voilà le complément direct du verbe attributif *pousse*.

Le chat mange la souris. — *Qui est mangé* par le chat ? Réponse : *la souris* ; c'est le complément direct du verbe *mange*.

J'aime Dieu. — *Qui est aimé* de moi ? Réponse : *Dieu* ; voilà le complément direct du verbe *j'aime*.

Vous voyez que l'on trouve le complément direct d'un verbe attributif en faisant la question *qui est* devant le participe passé de ce verbe.

96. — Le complément *indirect* est le mot qui à l'aide d'une préposition exprimée ou sous-entendue, telle que *à, de, par, pour*, etc., indique la personne ou la chose à laquelle tend, aboutit, se termine l'action marquée par le verbe, ou de laquelle part, provient, dérive cette action ou l'état du sujet. Exemples :

Il a donné des vêtements aux pauvres. — L'action de donner aboutit aux pauvres : il a donné *à qui* ? *aux pauvres*, — complément indirect du verbe *a donné*.

Donnez-moi du papier. — Donnez à qui ? Réponse *à moi* à sous-entendu) : l'action de *donner* aboutit à *moi*, complé-indirect.

Je reviens de Rome *et je vais* à Paris. — L'action de *reve-nir* part de Rome, et l'action d'*aller* aboutit à Paris : *de Rome* est un complément indirect du verbe *je reviens* et *à Paris* est un complément indirect du verbe *je vais*.

J'ai reçu une lettre de mon ami. — J'ai reçu *de qui?* Réponse : *de mon ami*, complément indirect du verbe *j'ai reçu*.

Cueillir des fleurs pour sa mère. — Cueillir des fleurs *pour qui?* Réponse : *pour sa mère*, complément indirect du verbe *cueillir*.

Le complément indirect répond à l'une des questions *à qui? de qui? pour qui? par qui? ou à quoi? de quoi? pour quoi? par quoi? d'où?* etc., faite après le verbe.

97. — On appelle compléments *circonstanciels* ceux qui expriment une circonstance de temps, de manière, de motif, de moyen, etc. Exemples : *Remettons cette affaire* à demain ; *à demain*, complément circonstanciel de temps. *Il agit avec prudence ou prudemment ; avec prudence ou prudemment*, complément circonstanciel de manière.

L'indication des compléments circonstanciels, nécessaire quand on fait de l'analyse logique, est de peu d'importance dans l'analyse grammaticale. On se bornera donc, en faisant l'analyse grammaticale, à désigner les compléments directs et les compléments indirects des verbes.

98. — REMARQUES. I. Les mots *le, la, les, l'*, placés devant un verbe, ou après un verbe auquel ils sont joints par un trait d'union, sont pronoms et toujours compléments directs de ce verbe. Exemples : *Je le connais. Je la vois. Recevez-les.*

II. Les pronoms *nous* et *vous*, lorsqu'ils ne sont pas sujets, sont compléments directs ou compléments indirects. Ils sont compléments directs dans ces exemples : *Il nous loue, il nous aime ;* c'est-à-dire, il loue *nous*, il aime *nous*. Ils sont compléments indirects lorsqu'ils signifient *à nous, à vous*, comme dans *il nous parle, il vous a écrit ;* c'est-à-dire, il parle *à nous*, il a écrit *à vous*.

III. Les pronoms *me, moi, te, toi, se* ou *s'*, sont ordinairement compléments directs. Mais s'ils sont mis pour *à moi, à toi, à soi*, ils sont compléments indirects. Exemples : *Il me parle* (il parle à *moi*). *Donne-moi du papier* (donne *à moi* du papier).

IV. Les pronoms *lui, leur* (signifiant *à eux, à elles*), *dont, de qui, de quoi, duquel, à qui, à quoi, auquel* et *y*, sont toujours compléments indirects. Exemples : *Je lui écrirai* (j'écrirai *à lui*) ; *je leur écrirai* (j'écrirai *à eux, à elles*).

V. Le mot *que*, lorsqu'il est pronom, est complément direct du verbe qui le suit (1). Exemple: *Voici le livre que j'ai acheté*; c'est-, à-dire : *Voici le livre*, lequel livre. j'ai *acheté*; le pronom *que* est complément direct du verbe j'ai acheté.

VI. Le pronom *ce*, suivi de *qui* ou d'un autre pronom conjonctif, est souvent sujet (leçon précédente) ; souvent aussi il est complément direct. En le remplaçant par le mot *la chose*, on voit s'il est sujet ou complément. Exemple : *Donnez-lui ce qui lui conviendra le mieux* ; c'est-à-dire, donnez-lui *la chose* qui lui conviendra le mieux. Ici le mot *la chose*, et par conséquent le pronom *ce*, qui en tient la place, est complément direct du verbe *donnez*.

VII. Le pronom *quiconque* est un mot double (équivalant à *celui, quel qu'il soit, qui*) : en cette qualité, il est ou sujet de deux verbes, comme dans cette phrase : Quiconque *désire toujours, passe sa vie à attendre* (Boiste) ; ou bien il est sujet d'un verbe et complément d'un autre verbe ou d'une préposition. Dans cette phrase, par exemple : *Le grand jour sert mal* quiconque *veut mal faire* (de Boufflers), *quiconque* est en même temps complément direct du verbe *sert* et sujet du verbe *veut*. Dans ce vers de Boileau :

> Il est esclave né de *quiconque* l'achète,

le pronom *quiconque* est à la fois complément de la préposition *de* et sujet du verbe *achète*.

EXERCICES SUR LA DEUXIÈME LEÇON.

45e EXERCICE.

1. Ces animaux aiment le bord des fleuves. (*Buffon.*) — 2. Il avait mille francs, il les a dépensés. (*Acad.*) — 3. Ne vous flattez point ; je suis très-peu de chose, et vous n'êtes rien. (*Mme de Maintenon.*) — 4. Tout ce qui nous ressemble est parfait à nos yeux. (*L'abbé Aubert.*) — 5. La terre se couvre de moissons, elle se pare de verdure. (*Fénelon.*) — 6. Il se promet cela de votre bonté. (*Acad.*) — 7. Je le dis à quiconque veut l'entendre. (*Laveaux.*)

Modèle d'analyse.

1. *Ces*, adj. démonst. m. pl. se rapportant à *animaux.*
   animaux, nom com. m. pl. sujet du v. *aiment.*
   aiment, v. attributif, 3e pers. du pl. au prés. de l'indic. 1re conjug.

(1) Il faut excepter le cas où ce verbe est impersonnel ; car tout verbe impersonnel, étant intransitif de sa nature, n'a point de complément direct. Ainsi, dans *le froid qu'il a fait m'a empêché de sortir*, le pronom *que* n'est point complément direct du verbe impersonnel *il a fait* ; il tient la place du sujet logique. Cette phrase signifie *le froid, lequel froid a existé, m'a empêché de sortir.*

le, art. m. s. se rapportant à *bord*.

bord, nom com. m. s. complém. direct du v. *aiment*.

des (de les) : *de*, préposition.

les, art. m. pl. se rapportant à *fleuves*.

fleuves, nom com. m. pl.

2. *Il*, pron. pers. 3e pers. m. s. sujet du v. *avait*.

   avait, v. attributif, 3e pers. du sing. à l'imparf. de l'indicatif, 3e conjug.

   mille, adj. num. card. m. pl. se rapportant à *francs*.

   francs, nom com. m. pl. complém. direct du v. *avait*

   il, pron. pers. 3e pers. m. s. sujet du v. *a dépensés*.

   les, pron. pers. 3e pers. m. pl. rappelant l'idée de *mille francs*, et complém. direct du v. *a dépensés*.

   a dépensés, v. attributif, 3e pers. du sing. au passé indéf. 1re conjug.

3. *Vous* (sous-entendu), pron. pers. 2e pers. du pl. pour le s. m. ou f. suivant la personne à qui l'on parle, et sujet du v. *flattez*.

   ne point, adverbe.

   vous (exprimé), pron. pers. et complém. direct du v. *flattez*.

   flattez, v. attributif, 2e pers. du plur. à l'impér. 1re conjug.

   je, pron. pers. 1re pers. du sing. m. ou f. suivant la personne qui parle, et sujet du v. *suis*.

   suis, v. essentiel, 1re pers. du sing. au prés. de l'indicatif, 4e conjug.

   très-peu, adverbe.

   de, préposition.

   chose, nom com. f. s.

   et, conjonction.

   vous, pron. pers., etc. (voir ci-dessus), suj. du v. *êtes*.

   ne, adverbe.

   êtes, v. essentiel, 2e pers. du pl. au prés. de l'indic. 4e conjug.

   rien, pron. indéfini, m. s.

4. *Tout*, adj. indéf. m. s. se rapportant à *ce*.

   ce, pron. démonst. m. s. sujet du v. *est*.

   qui, pron. conj. m. s. 3e pers. ayant pour antéc. *ce*, et sujet du v. *ressemble*.

   nous (à nous), pron. pers. 1re pers. du pl. m. complém. indir. du v. *ressemble*.

   ressemble, v. attributif, 3e pers. du sing. au prés. de l'indic. 1re conjug.

   est, v. essentiel, 3e pers. du s. au prés. de l'indic. 4e conjug.

   parfait, adj. qualificatif, m. s. se rapportant à *ce*.

   à, préposition.

   nos, adj. poss. m. pl. se rapportant à *yeux*.

   yeux, nom com. m. pl.

5. *La*, art. s. f. se rapportant à *terre*.

   terre, nom com. f. s. sujet du v. *couvre*.

   se, pron. pers. 3e pers. f. s. rappelant l'idée de *terre*, et complém. direct du v. *couvre*.

   couvre, v. attributif, 3e pers. du s. au prés. de l'indic. 2e conjugaison.

de, préposition.

moissons, nom com. f. pl.

elle, pron. pers. 3ᵉ pers. f. s. rappelant l'idée de *terre*, et sujet du v. *pare*.

se, pron. pers. 3ᵉ pers. f. s. rappelant l'idée de *terre*, et complém. direct du v. *pare*.

pare, v. attributif, 3ᵉ pers. du s. au prés. de l'indic. 1ʳᵉ conjugaison.

de, préposition.

verdure, nom com. f. s.

6. *Il*, pron. pers. 3ᵉ pers. m. s. sujet du v. *promet*.

se (à soi), pron. pers. 3ᵉ pers. m. s. rappelant l'idée de *il*, et complém. indir. du v. *promet*.

promet, v. attributif, 3ᵉ pers. du s. au prés. de l'indic. 4ᵉ conjugaison.

cela, pron. démonst. m. s. complém. direct du v. *promet*.

de, préposition.

votre, adj. poss. f. s. se rapportant à *bonté*.

bonté, nom com. f. s.

7. *Je*, pron. pers. 1ʳᵉ pers. du s. m. ou f. suivant la personne qui parle, et sujet du v. *dis*.

le, pron. pers. 3ᵉ pers. m. s. complém. direct du v. *dis*.

dis, v. attributif, 1ʳᵉ pers. du sing. au prés. de l'indic. 4ᵉ conjugaison.

à, préposition.

quiconque, pron. indéfini, m. s. complém. indirect du v. *dis*, et en même temps sujet de *veut*.

veut, v. attributif, 3ᵉ pers. du s. au prés. de l'indic. 3ᵉ conjug.

l' (le), pron. pers. 3ᵉ pers. m. s. complém. direct du v. *entendre*.

entendre, v. attributif au prés. de l'infinitif, 4ᵉ conjug.

46ᵉ EXERCICE.

1. Ils choisirent mille hommes sur toutes les troupes hollandaises. (*Saint-Réal.*) — 2. Les arbres que la terre fournit sont de grands bouquets plantés dans son sein. (*Fénelon.*) — 3. Je vous parle comme à une grande fille, parce que vous en avez l'esprit. (*Mᵐᵉ de Maintenon.*) — 4. L'aspect général d'Éphèse me rappelait celui des marais Pontins. (*de Forbin.*) — 5. Je te le promets. (*Acad.*) — 6. Répondez-moi.

47ᵉ EXERCICE.

1. Les louanges qu'on m'a données étaient sincères. (*Acad.*) — 2. On approcha d'elle tout ce que l'Espagne avait de plus vertueux et de plus habile. (*Bossuet.*) — 3. Si vous voyez ma mère, remettez-lui ce livre. (*Acad.*) — 4. La lune, plus voi-

sine de nous, emprunte du soleil une lumière douce. (*Fénelon.*) — 5. Si vous voulez que je vous parle franchement,
mon règne a donné à la France bien plus d'éclat que le vôtre.
(*Id.*)

48ᵉ EXERCICE.

1. Les louanges que nous donnons se rapportent toujours
par quelque chose à nous-mêmes. (*Massillon.*) — 2. Vous avez
mon chapeau, rendez-le-moi. (*Acad.*) — 3. Quoi ! Bayard ! je
te loue, et tu me condamnes ! je te plains, et tu m'insultes !
(*Fénelon.*) — 4. Demande-leur combien un Spartiate seul
vaut d'autres hommes. (*Id.*)

5. Ce que l'on conçoit bien s'énonce clairement. (BOILEAU.)
6. Ne nous flattons donc point, voyons sans indulgence
 L'état de notre conscience. (LA FONTAINE.)
7.   Quiconque est loup agisse en loup. (ID.)

3ᵉ LEÇON. — DES DIFFÉRENTES SORTES DE VERBES ATTRIBUTIFS.

Verbes transitifs, verbes passifs et verbes intransitifs.

99. — On distingue cinq sortes de verbes attributifs : les
verbes *actifs* ou mieux *transitifs*, les verbes *passifs*, les verbes *neutres* ou mieux *intransitifs*, les verbes *pronominaux*,
et les verbes *impersonnels*.

100. — **Verbes transitifs.** Les verbes *transitifs* sont ceux
qui sont accompagnés d'un complément direct. On les appelle *transitifs*, parce qu'ils expriment une action qui passe
directement du sujet à la personne ou à la chose désignée
par le complément direct. Exemples :

Charles pousse son frère. Charles fait l'action de pousser,
et cette action passe directement à son frère, qui la reçoit :
le verbe *pousse* est un verbe transitif ayant pour complément
direct les mots *son frère.*

Le chat mange la souris. Le chat fait l'action de manger,
et cette action est soufferte, supportée par la souris : *mange*

est donc un verbe transitif et son complément direct est *la souris*.

J'aime Dieu. Je fais l'acte d'aimer, et cet acte passe directement à Dieu, a pour objet direct Dieu : *j'aime* est un verbe transitif, et *Dieu* est le complément direct de ce verbe.

101. — On reconnaît qu'un verbe est *transitif*, quand on peut mettre *quelqu'un* ou *quelque chose* après ce verbe: *Aimer, réciter*, sont des verbes transitifs, parce qu'on peut dire *j'aime quelqu'un, je récite quelque chose*, par exemple : *j'aime Dieu, je récite ma leçon.*

102. — Remarques. I. Tout verbe transitif a nécessairement un complément direct : *Je lis l'histoire; j'étudie ma leçon.* Il devient accidentellement intransitif, lorsqu'il n'a pas de complément direct; exemples: *Je lis, j'étudie.*

II. Outre le complément direct, les verbes transitifs peuvent avoir un complément indirect; exemple : *J'écris une lettre à mon père.*

103. — **Verbes passifs.** On appelle verbe *passif* tout verbe qui exprime une action soufferte, supportée par le sujet; exemple : *La souris est mangée par le chat.*

Tout verbe transitif a un *passif :* ce passif se forme en prenant le complément *direct* du verbe transitif pour en faire le *sujet* du verbe passif, et en ajoutant les mots *par* ou *de*. Ainsi pour tourner par le passif cette phrase, *le chat mange la souris*, dites : *la souris est mangée par le chat.*

104. — Remarque. Dans la langue française, ce qu'on appelle *verbe passif* n'a point de formes particulières et n'est autre chose que le verbe essentiel *être* suivi du participe passé employé comme adjectif; exemples : *Je suis aimé, tu es aimé, il est aimé, elle est aimée*, etc. Aussi dans l'analyse grammaticale, il suffit de désigner séparément le verbe *être* et le participe adjectif, sans dire que le verbe est passif.

105. — **Verbes intransitifs.** Les verbes *intransitifs* ou *neutres*, expriment l'*état* du sujet, comme *l'enfant dort*; ou bien une *action* faite par le sujet, comme *le cheval marche ;* mais ils n'ont point de complément *direct*.

106. — On reconnaît qu'un verbe est intransitif, quand on ne peut pas mettre après lui *quelqu'un* ou *quelque chose*. Ainsi *dormir, marcher* sont des verbes intransitifs, parce

qu'on ne peut pas dire *je dors quelqu'un, je marche quelque chose.*

107. — REMARQUE. Un verbe transitif devient accidentellement intransitif, s'il n'a pas de complément direct, comme *je lis, j'étudie.* Et réciproquement, tout verbe intransitif de sa nature devient accidentellement transitif, s'il a un complément direct, comme dans : *Vous ne courez aucun danger; Sortez ce cheval de l'écurie.*

108. — Les verbes intransitifs n'ont pas de complément direct, comme nous l'avons déjà dit, mais ils ont souvent des compléments indirects ; exemples : *Nuire à son ami; parler de quelqu'un* (*à son ami*, complément indirect de *nuire* ; *de quelqu'un*, complément indirect de *parler*).

109. — La plupart des verbes intransitifs se conjuguent, comme les verbes transitifs, avec l'auxiliaire *avoir*; exemple : *Je dors, j'ai dormi, j'avais dormi.*

Mais il y a des verbes intransitifs qui se conjuguent dans leurs temps composés avec l'auxiliaire *être* ; tels sont *venir, arriver*, etc., qui font au passé indéfini *je suis venu, je suis arrivé.*

110. — REMARQUE. Nous avons vu qu'il n'y a point, à proprement parler, de verbe passif dans la langue française ; il suit de la définition du verbe transitif et du verbe intransitif que tous les verbes attributifs sont nécessairement ou transitifs ou intransitifs. Quant aux verbes pronominaux et aux verbes impersonnels, nous verrons dans la prochaine leçon qu'ils rentrent dans l'une ou dans l'autre de ces deux espèces de verbes.

EXERCICES SUR LA TROISIÈME LEÇON.

49ᵉ EXERCICE.

1. Ah ! les rois qui peuvent tout sont livrés à toutes leurs passions. (*Fénelon.*) — **2.** Les arbres tombent, un fleuve inconnu coule devant vous. (*Châteaubriand.*) — **3.** La chaloupe qu'on avait envoyée ne put aborder notre vaisseau. (*Acad.*) — **4.** Le vent était si fort que nous ne pûmes aborder. (*Id.*) — **5.** Les oiseaux du ciel ne sèment ni ne moissonnent, et la Providence leur fournit leur pâture. (*L'abbé de Beauvais.*) — **6.** Alexandre est mort jeune.

Modèle d'analyse.

1. *Ah!* interjection.

les, art. m. pl. se rapportant à *rois.*

rois, nom com. m. pl. sujet de *sont.*

qui, pron. conjonctif, m. pl. 3e pers. ayant pour antécéd. *rois,* et sujet du v. *peuvent.*

peuvent, v. transitif. 3e pers. du plur. au prés. de l'indic. 3e conjug.

tout, pron. indéf. m. s. complém. direct du v. *peuvent.*

sont, v. essentiel, 3e pers. du pl. au prés. de l'indic. 4e conjugaison.

livrés, participe adj. m. pl. se rapportant à *rois.*

à, préposition.

toutes, adj. indéf. f. pl. se rapportant à *passions.*

leurs, adj. poss. f. pl. se rapportant à *passions.*

passions, nom com. f. pl.

2. *Les,* art. m. pl. se rapportant à *arbres.*

arbres, nom com. m. pl. sujet du v. *tombent.*

tombent, v. intrans. 3e pers. du pl. au prés. de l'indic. 1re conjugaison,

un, adj. num. card. m. s. se rapportant à *fleuve.*

fleuve, nom com. m. s. sujet du v. *coule.*

inconnu, adj. qualif. m. s. se rapportant à *fleuve.*

coule, v. intrans. 3e pers. du s. au prés. de l'indic. 1re conjug.

devant, préposition.

vous, pron. pers. 2e pers. du pl. et des 2 genres.

3. *La,* art. f. s. se rapportant à *chaloupe.*

chaloupe, nom com. f. s. sujet du v. *put.*

qu' (que, *laquelle*), pron. conjonctif, f. s. 3e pers. ayant pour antécéd. *chaloupe,* et compl. direct du v. *avait envoyée.*

on, pron. indéfini, m. s. sujet du v. *avait envoyée.*

avait envoyée, v. transitif, 3e pers. du sing. au plus-que-parf. de l'indic. 1re conjug.

ne, adverbe.

put, v. transitif, 3e pers. du s. au passé défini, 3e conjug.

aborder, v. transitif au prés. de l'infin. 1re conjug. complém. direct du v. *put.*

notre, adj. poss. m. s. se rapportant à *vaisseau.*

vaisseau, nom com. m. s. complém. direct du v. *aborder.*

4. *Le,* art. m. s. se rapportant à *vent.*

vent, nom com. m. s. sujet du v. *était.*

était, v. essentiel, 3e pers. du s. à l'imparf. de l'indic. 4e conjugaison.

si, adverbe.

fort, adj. qualif. m. s. se rapportant à *vent.*

que, conjonction.

nous, pron. pers. 1re pers. du pl. et des deux genres, sujet du verbe *pûmes.*

ne, adverbe.

pûmes, v. transitif, 1re pers. du pl. au passé défini, 3e conjug.

Exercices d'analyse grammaticale. 4

aborder, v. intransitif, au prés. de l'infin. 1re conjug. compl. direct du v. *pûmes*.

5. *Les*, art. m. pl. se rapportant à *oiseaux*.

oiseaux, nom com. m. pl. sujet des v. *sèment et moissonnent*.

du (de le) : *de*, préposition.

le, art. m. s. se rapportant à *ciel*.

ciel, nom com. m. s.

ne, adverbe.

sèment, v. transitif employé comme intransitif, 3e pers. du pl. au prés. de l'indic. 1re conjug.

ni, conjonction.

ne, adverbe.

moissonnent, v. transitif employé comme intransitif, 3e pers. du pl. au prés. de l'indic. 1re conjug.

et, conjonction.

la, art. f. s. se rapportant à *Providence*.

Providence, nom propre, f. s. sujet de *fournit*.

leur, pron. pers. 3e pers. m. pl. complém. indirect du verbe *fournit*.

fournit, v. transitif, 3e pers. du s. au prés. de l'ind. 2e conjugaison.

leur, adj. poss. f. s. se rapportant à *pâture*.

pâture, nom com. f. s. compl. direct de *fournit*.

6. *Alexandre*, nom propre, m. s. sujet du v. *est mort*.

est mort, v. intransitif,3e pers. du s. au passé indéfini, 2e conjugaison.

jeune, adj. qual. m. s. se rapportant à *Alexandre*.

50e EXERCICE.

1. Il tenait d'une main un livre, de l'autre il prit une épée dont il regardait la pointe. (*Thomas.*)—2.Vous ne courez aucun danger. (*Acad.*) — 3. Ce cheval court comme un cerf. (*Id.*) — 4. Enfin nous touchâmes aux premiers tronçons des colonnes. (*Lamartine.*) —5. Il ne lui a pas touché le bout du doigt. (*Acad.*) — 6. La flotte des Athéniens prit la fuite et fut poussée par les ennemis contre le rivage. (*Rollin.*)

51e EXERCICE.

1. Pénétrez dans ces forêts américaines aussi vieilles que le monde. (*Châteaubriand.*) — 2. Le coup pénètre les chairs et va jusqu'à l'os. (*Acad.*)— 3. Il a passé en Amérique en tel temps. (*Id.*) — 4. Le batelier m'a passé à l'autre bord. (*Id.*) — 5. Vous voyez, Saphira, un jeune démoniaque, que ses parents ont amené aux disciples de Jésus. (*Kératry.*)—6. Les

œuvres de l'homme durent plus que sa pensée. (*Lamartine.*) — 7. On ne lui en laissa pas le temps. (*Rollin.*)

52ᵉ EXERCICE.

1. César mourut à cinquante-six ans. (*de Ségur.*) — 2. Sortez la voiture de la remise. (*Acad.*) — 3. Nous ne sortirons jamais de ces montagnes. (*Id.*) — 4. Trois cents Spartiates que je commandais aux Thermopyles, furent tués par son armée innombrable sans pouvoir être vaincus. (*Fénelon.*) — 5. La terre murmure sous vos pas. (*Châteaubriand.*) — 6. Servius Tullius projeta l'établissement d'une république sous le commandement de deux magistrats annuels qui seraient choisis par le peuple. (*Bossuet.*)

4ᵉ LEÇON. — DES DIFFÉRENTES SORTES DE VERBES ATTRIBUTIFS. (Suite.)

Verbes pronominaux et verbes impersonnels.

111. — **Verbes pronominaux.** On appelle verbes *pronominaux* ceux qui se conjuguent avec deux pronoms de la même personne, dont le premier est sujet et le second complément ; exemples : *Je me repens, tu te repens, il* ou *elle se repent,* etc. A l'infinitif ces verbes prennent le pronom *se : se repentir, se flatter, se louer, se blesser.*

112. — Les verbes pronominaux prennent à leurs temps composés l'auxiliaire *être ;* mais après le verbe *être* on sous-entend le participe présent *ayant* du verbe *avoir :* ainsi le passé indéfini *je me suis loué* équivaut à *je suis* ayant *loué moi,* ou *j'ai loué moi.*

113. — Tout verbe pronominal est, quant à sa nature, transitif ou intransitif. Si le verbe pronominal a un complément direct, il est transitif pronominal ; s'il n'a point de complément direct, il est intransitif pronominal.

114. — REMARQUES. I. Les pronoms *me, te, se, nous, vous,* qui précèdent immédiatement le verbe pronominal, sont quelquefois compléments *directs,* comme dans *je me flatte,* c'est-à-dire *je flatte moi ; tu te blesseras,* c'est-à-dire *tu blesseras* toi. Mais ils sont

compléments *indirects*, lorsqu'ils signifient *à moi, à toi, à soi, à nous*, etc., comme dans *je me nuis*, c'est-à-dire *je nuis à moi*; *il s'est fait une blessure*, c'est-à-dire *il a fait une blessure* à soi, à lui-même.

II. Le complément direct est quelquefois un autre mot que l'un des pronoms *me, te, se, nous, vous*; ainsi dans la phrase *il s'est fait une blessure*, le complément direct est *une blessure* (qui a été fait par lui? Réponse : *une blessure*).

III. On appelle verbes *essentiellement* pronominaux ceux qui ne peuvent pas *se conjuguer* autrement qu'avec un second pronom pour complément, et qui prennent toujours *se* à l'infinitif. Tels sont par exemple *se repentir, s'emparer* : on dit toujours *je me repens, je m'empare*, et jamais *je repens, j'empare*.

Les verbes essentiellement pronominaux ont toujours pour complément direct le pronom qui les précède immédiatement. Il faut excepter cependant le verbe *s'arroger*, qui signifie *s'attribuer*, et dans lequel le pronom est complément indirect; exemple : *Il s'est arrogé des droits qu'il n'a pas*.

IV. On appelle verbes *accidentellement* pronominaux ceux qui peuvent se conjuguer sans le secours d'un second pronom ; tels sont *se flatter, se blesser*; car on peut conjuguer ainsi ces verbes : *je flatte, tu flattes*, etc., *je blesse, tu blesses*, etc.

Dans les verbes accidentellement pronominaux, le pronom qui les précède immédiatement est complément direct ou complément indirect, suivant le sens : il est complément direct dans *se flatter* (flatter *soi*) ; il est complément indirect dans *se nuire, s'imaginer* (nuire *à soi*, imaginer *à soi*, dans son esprit).

V. On peut considérer comme essentiellement pronominaux tous les verbes qui, sous cette forme, prennent un sens particulier, différent de celui qu'ils ont sous la forme ordinaire. Tels sont *s'apercevoir* ou *s'aviser* d'une chose (la remarquer), *s'attaquer* à quelqu'un (l'offenser, se déclarer contre lui), *s'attendre* à une chose (la prévoir, y compter), *se douter* d'une chose (la présumer), *se louer* de (se féliciter de), *se plaindre* de (exprimer du mécontentement), *se taire* (garder le silence), *se saisir* de (s'emparer de), *se servir* de (faire usage de), etc.

VI. Le pronom est encore complément direct, lorsque le verbe pronominal est employé dans le sens passif, comme quand on dit *cette maison s'est bâtie en huit jours*, c'est-à-dire *a été bâtie*.

115.—Verbes impersonnels. On appelle verbes *impersonnels* ceux qui ont pour sujet le pronom *il* pris impersonnellement, c'est-à-dire ne tenant la place ni d'un nom de personne ni d'un nom de chose. Exemples : *Il pleut, il faut rester*; on ne peut remplacer ici le pronom *il* ni par un nom de personne ni par un nom de chose : *il pleut* et *il faut* sont des verbes impersonnels (1).

_____

(1) Le pronom *il* pris impersonnellement est réellement du genre neutre, quoiqu'on l'indique comme étant du genre masculin. « *Il vaut mieux être juste*

Les verbes impersonnels ne s'emploient, dans chaque temps, qu'à la troisième personne du singulier.

116. — REMARQUES. I. Un grand nombre de verbes ayant toutes les personnes de chaque temps, peuvent être employés accidentellement comme verbes impersonnels; par exemple : *avoir, être, tomber, faire, convenir*, sont impersonnels dans ces phrases : *Il y aura une grande foule; Il est juste d'obéir; Il tombe de la neige; Les grands froids qu'il a fait; Mes enfants, il convient d'écouter vos parents.* En effet, dans ces exemples, le pronom *il* ne tient point la place d'un nom.

II. Le pronom *il* n'est que le sujet apparent ou sujet grammatical. Le véritable sujet est ordinairement exprimé après ou avant le verbe; ainsi les exemples ci-dessus signifient : une grande foule aura *lieu*, ou *sera, se trouvera là* (y) ; obéir *est juste*, ou mieux *l'acte* d'obéir *est juste*; *cela*, c'est-à-dire de la neige *tombe*; les grands froids *qui ont eu lieu*; et les sujets sont *une grande foule, l'acte d'obéir, de la neige*, etc.

III. Les verbes accidentellement impersonnels, quoique n'étant pas nécessairement intransitifs, sont cependant traités comme tels par notre langue ; par conséquent un verbe impersonnel n'a point de complément direct. Ainsi dans la phrase *le froid qu'il a fait*, c'est-à-dire *qui a eu lieu, qui est arrivé*, le pronom *que* n'est point complément direct du verbe impersonnel *il a fait;* il est mis pour *qui*, véritable sujet du verbe (1). Nous reviendrons sur cette question en parlant des gallicismes. (Voyez la 8e leçon.)

EXERCICES SUR LA QUATRIÈME LEÇON.

53e EXERCICE.

1. La nuit s'approche, les ombres s'épaississent. (*Chateaubriand.*)—2. Elle s'est donné bien des peines, qui ont été inutiles. (*Lemarc.*)— 3. Le monde s'enfuit et l'éternité approche. (*Massillon.*) — 4. Je n'en fus pas surpris, je m'y attendais bien. (*Acad.*) — 5. Les grâces se trouvent plus ordinairement dans l'esprit que dans le visage. (*Montesquieu.*) — 6. Il faut,

---

que d'être riche. Il (*illud*), ceci, à savoir *être juste*, vaut mieux que l'avantage d'être riche. » (Dumarsais, Tome V, page 46.) — « Le *il* des phrases *il a fait, il y a eu de grandes chaleurs*, ne se rapporte à rien; il répond à l'*illud* des Latins, qui signifie *ceci* ou *cela*.» (Lemarc.)—«*Il est honteux de mentir : il* répond à *illud* des Latins ; c'est le neutre désignant vaguement *une chose.* » (P. A. Lemaire, *Notes sur la Grammaire des Grammaires.*)

(1) « *Les chaleurs qu'il a fait cet été ont été excessives. Les avantages qu'il en est résulté sont grands.* Dans les phrases semblables où le substantif exprimé est suivi d'un *que*, ce *que* n'est point un accusatif (ou complément direct) ; car on n'a pas fait lesquelles chaleurs, on n'a pas résulté les avantages.» (Lemarc.) — Voyez nos *Leçons et exercices gradués d'analyse logique*, 12e leçon.

autant qu'on peut, obliger tout le monde. (*La Fontaine.*)

Modèle d'analyse.

1. *La*, art. f. s. se rapportant à *nuit*.
nuit, nom com. f. s. sujet du v. *approche*.
s' (se), pron. pers. 3ᵉ pers. f. s. rappelant l'idée de *nuit* et complém. direct du v. *approche*.
approche, v. accidentellement pronominal, transitif, 3ᵉ pers. du s. au prés. de l'indic. 1ʳᵉ conjug.
les, art. f. pl. se rapportant à *ombres*.
ombres, nom com. f. pl. sujet du v. *épaississent*.
s' (se), pron. pers. 3ᵉ pers. f. pl. rappelant l'idée d'*ombres* et complém. direct du v. *épaississent*.
épaississent, v. accident. pronominal, transitif, 3ᵉ pers. du pl. au prés. de l'indic. 2ᵉ conjug.

2. *Elle*, pron. pers. 3ᵉ pers. f. s. sujet de *s'est donné*.
s' (se, *à soi*), pron. pers. 3ᵉ pers. du s. f. rappelant l'idée d'*elle*, et complément indirect du v. pronomin. *est donné*.
est donné, v. accident. pronominal, 3ᵉ pers. du s. au passé indéfini, 1ʳᵉ conjug. transitif, ayant pour complém. direct *bien des peines*.
bien, adverbe.
des (de les) — *de*, préposition.
les, art. f. pl. se rapportant à *peines*.
peines, nom com. f. pl.
qui, pron. conjonctif, f. pl. 3ᵉ pers. ayant pour antéc. *peines*, et sujet du v. *ont été*.
ont été, v. essentiel, 3ᵉ pers. du pl. au passé indéf. 4ᵉ conjug.
inutiles, adj. qualif. f. pl. se rapportant à *peines*.

3. *Le*, art. m. s. se rapp. à *monde*.
monde, nom com. m. s. sujet du v. *s'enfuit*.
s' (se), pron. pers. 3ᵉ pers. m. s. rappelant l'idée de *monde* et complém. direct du v. *enfuit*.
enfuit, v. essentiellement pronomin. transitif, 3ᵉ pers. du s. au prés. de l'indic. 2ᵉ conjug.
et, conjonction.
l' (la), art. f. s. se rapportant à *éternité*.
éternité, nom com. f. s. sujet d'*approche*.
approche, v. intransitif, 3ᵉ pers. du s. du prés. de l'indicatif, 1ʳᵉ conjug.

4. *Je*, pron. pers. 1ʳᵉ pers. m. s. sujet du v. *fus*.
né pas, adverbe.
en (de cela), pron. pers. 3ᵉ pers. m. s.
fus, v. essentiel, 1ʳᵉ pers. du s. au passé défini, 4ᵉ conjug.
surpris, partic. adj. m. s. se rapportant au premier *je*.
je, pron. pers. 1ʳᵉ pers. m. s. sujet du v. *attendais*.
m' (me), pron. pers. 1ʳᵉ pers. m. s. complém. direct du verbe *attendais*.
y (à cela), pron. pers. 3ᵉ pers. m. s.
attendais, v. accidentellement pronom. considéré comme es-

sentiellement pronom. et transitif, à la 1re pers. du s. de l'imparf. de l'indic. 4e conjug.

bien, adverbe.

5. *Les,* art. f. pl. se rapportant à *grâces.*

grâces, nom com. f. pl. sujet de *se trouvent.*

se, pron. pers. 3e pers. f. pl. rappelant l'idée de *grâces* et complém. direct de *trouvent.*

trouvent, v. accidentel. pronomin. transitif, 3e pers. du pl. au prés. de l'indicatif, 1re conjug.

plus, adverbe.

ordinairement, adverbe.

dans, préposition.

l' (le), art. m. s. se rapportant à *esprit.*

esprit, nom com. m. s.

que, conjonction.

dans, préposition.

le, art. m. s. se rapportant à *visage.*

visage, nom com. m. s.

6. *Il,* pron. pers. pris impersonnellement, m. s. 3e pers. sujet grammatical du v. *faut.*

faut, v. impers. 3e pers. du s. au prés. de l'indicatif, 3e conjug.

autant, adverbe.

que, conjonction.

on, pron. indéf. m. s. sujet de *peut.*

peut, v. transitif, 3e pers. du s. au prés. de l'indic. 3e conjug. ayant pour complém. direct *le faire* ou *obliger* (sous-entendu) (1).

obliger, v. transitif, au prés. de l'infin. 1re conjug. sujet logique du v. *faut.*

tout, adj. indéf. m. s. se rapportant à *monde.*

le, art. m. s. se rapportant à *monde.*

monde, nom com. m. s. complém. direct du v. *obliger.*

54e EXERCICE.

1. Le voyageur s'assied sur le tronc d'un chêne pour attendre le jour. (*Châteaubriand.*) — 2. Ils se sont déchiré leurs vêtements. (*Bescher.*) — 3. Les ennemis s'emparèrent de la place par surprise. (*Acad.*) — 4. Le théâtre s'est ouvert à la pointe du jour. (*Barthélemy.*)— 5. Je me loue beaucoup du remède que vous m'avez indiqué. (*Acad.*) — 6. Il tonne souvent dans ce pays. (*Id.*) — 7. Je m'empressai de l'avertir. (*Id.*)

---

(1) Le vers de La Fontaine signifie : *Obliger tout le monde autant qu'on peut* le faire ou qu'on peut obliger, *faut* (est nécessaire).

55ᵉ EXERCICE.

1. Bossuet, plus négligé, se contente d'être quelquefois sublime. (*Villemain.*) — 2. Il se propose un plus noble but. (*Acad.*) — 3. Antoine défait s'était réfugié dans la Gaule transalpine, où il avait été reçu par Lépidus. (*Montesquieu.*) —4. Les ennemis, qui s'en étaient aperçus, couvrirent de cuir la proue et le haut des galères. (*Rollin.*) — 5. Il ne pleut guère. (*Acad.*) — 6. Il est dix heures.

56ᵉ EXERCICE.

1. Qui ne s'est plu, au bord de la mer, à regarder blanchir l'écueil éloigné? (*Châteaubriand.*) — 2. Adieu, temples vénérables, autels sacrés du vrai Dieu, s'écriaient les prêtres. (*Pouqueville.*) — 3. Je voudrais bien qu'il ne neigeât plus. (*Acad.*)

4.   Jean s'en alla comme il était venu. (LA FONTAINE.)
5.   Cent fois je me suis fait une douceur extrême
      D'entretenir Titus dans un autre lui-même. (RACINE.)

5ᵉ LEÇON. — OBSERVATIONS IMPORTANTES SUR LES COMPLÉMENTS DES VERBES.

117. — Un nom pris dans un sens partitif, c'est-à-dire désignant une partie de la totalité de l'objet qu'il représente, est précédé de la préposition *de*, contracté ou non avec l'article, comme dans *donnez-moi du pain; il a de la fortune; il a des livres*. Dans ce cas *du, de la, des*, peuvent ordinairement se remplacer par *quelque, quelques*, et il y a un mot sous-entendu, tel que *partie, portion, certaine quantité*, ce qui explique l'emploi de la préposition *de*.

Ainsi *donnez-moi du pain*, c'est, donnez-moi *quelque partie* du pain, *une portion* du pain entier. *Il a de la fortune*, c'est-à-dire, il a *quelque* fortune, *une portion* de ce qu'on appelle *la fortune*. *Il a des livres*, c'est-à-dire, il a *une partie* de la totalité *les livres*. *Il répandait des larmes;* il répandait une *certaine quantité* de les larmes. (*Dumarsais.*)

118. — Il suit de là que le nom pris dans un sens partitif, ne peut en aucune façon être le complément direct de l'attribut : le véritable complément direct est, dans ce cas, le mot sous-entendu *partie, portion, certaine quantité,* etc.

119. — Le pronom *en*, signifiant *de cela* ou *des personnes dont on parle* n'est jamais complément direct : il est complément indirect, comme dans cette phrase : *Ce sont de véritables amis : je n'oublierai jamais les services que j'en ai reçus,* c'est-à-dire que j'ai reçus *d'eux ;* ou bien il dépend des compléments directs *un peu, une partie, quelqu'un, quelques-uns,* exprimés ou sous-entendus. En conséquence il ne faudra jamais dans l'analyse considérer ce pronom comme complément direct. Dans cette phrase : *Plusieurs femmes m'ont promis de venir, nous* en *aurons* quelqu'une (*Acad.*); le pronom *en* est complément du complément direct *quelqu'une,* qui est exprimé : nous aurons quelqu'une *d'elles, de ces femmes.*

Avez-vous reçu des étrennes? — *Oui,* j'en ai reçu quelques-unes. Le pronom *en* est encore complément du complément direct *quelques-unes :* j'ai reçu quelques-unes *de cela, de ces choses, des étrennes.*

Voulez-vous du pain? — *J'en veux.* C'est-à-dire, voulez-vous *une portion, une partie* du pain ? Je veux *une partie, un peu de cela :* le pronom *en* est encore complément du complement direct *une partie, un peu,* qui reste sous-entendu (1).

120. — Le complément direct est quelquefois un verbe à l'infinitif; exemples: *Je veux partir ; il doit venir.* Souvent aussi l'infinitif complément direct a lui-même un complément direct ou un complément indirect ; exemples: *Il veut* nous *voir ; il désire* vous *parler.* — *Nous,* complément direct de *voir ; vous* pour *à vous,* complément indirect de *parler.*

Dans ces deux cas, on doit faire l'analyse grammaticale des deux verbes (2).

_____

(1) Voyez Dumarsais, Burnouf, l'Académie, etc.
(2) Il en est autrement dans l'analyse logique où l'on considère l'idée plutôt que la forme de l'expression : dans cette sorte d'analyse il est mieux de réunir les deux verbes. (Voyez nos *Leçons et Exercices gradués d'analyse logique.*)

4.

Quelquefois enfin le mot qui suit l'infinitif est complément du premier verbe, comme dans ces phrases : *Je vois venir nos gens ; J'entends gronder l'orage,* dont le vrai sens est *Je vois nos gens qui viennent ; J'entends l'orage qui gronde.* On devra dans ce cas analyser de cette manière :

Vois, v. transitif, etc. ayant pour complém. direct *nos gens venir.*

nos, adj. poss. f. pl. etc.

gens, nom com. f. pl. etc.

venir, v. intrans. à l'infin. etc.

Entends, v. transitif, etc. ayant pour complém. direct *l'orage gronder.*

l' (le), art. m. s. etc.

orage, nom com. m. s.

gronder, v. intrans. à l'infin.

121. — Si le premier verbe est intransitif de sa nature, le second ne peut être complément direct ; dans ces phrases, par exemple, *Je viens lire, Tu vas jouer, Il paraît travailler,* les infinitifs *lire, jouer, travailler,* ne sont point des compléments directs, puisque les verbes dont ils complètent le sens sont des verbes intransitifs. Il y a ordinairement une préposition de sous-entendue devant l'infinitif ; souvent aussi le premier verbe n'est qu'un auxiliaire du second, comme quand on dit *je vais vous le montrer,* pour *je vous le montrerai bientôt.* Quoi qu'il en soit, on considérera dans l'analyse grammaticale les deux verbes séparément, et l'on se bornera à dire que le premier est intransitif, sans rétablir la préposition sous-entendue devant l'infinitif.

122. — Quelquefois aussi un nom ou un adjectif suit immédiatement un verbe intransitif, sans qu'il y ait une préposition sous-entendue, et se présente sous la forme d'un complément direct, comme dans ces phrases : *Il paraît savant. Ce même animal devient notre aliment.* Les verbes *paraître, devenir,* étant intransitifs de leur nature et ne pouvant en aucun cas être employés comme transitifs, ne sauraient avoir pour compléments directs les mots *savant* et *notre aliment.* Ces mots, comme nous le disons dans nos Leçons d'analyse logique, sont des compléments déterminatifs, le premier du verbe attributif *paraît,* le second de *devient.* Dans l'analyse grammaticale on

se dispensera de donner ces indications ; et après avoir dit que les verbes *paraît* et *devient* sont des verbes intransitifs, à tel mode, tel temps, etc., on dira que *savant* est un adjectif qualificatif, masculin singulier, se rapportant au pronom *il* ; que *notre* est un adjectif possessif, masculin singulier, se rapportant à *aliment*, etc.

123. — Le véritable complément direct est quelquefois sous-entendu devant un infinitif précédé d'une préposition ; exemples : *Tu cherches à nuire. Il aime à lire. Il apprend à danser. Elle apprend à respecter la vertu. Je crains de succomber.*

Dans les quatre premiers exemples, la préposition *à* exprime la fin, le but de l'action, ou une tendance, une propension à quelque chose (1). *Tu cherches à nuire*, c'est-à-dire *tu cherches* ce qui a pour fin, pour but *nuire*. *Il aime à lire*, c'est *il aime* ce qui a pour fin, pour but *lire*. *Il apprend à danser*, c'est de même, *il apprend* ce qui a pour but, la chose qui a pour but *danser*. — *Elle apprend à respecter la vertu*, c'est *elle apprend* ce qui a pour but, pour fin *respecter la vertu*, ce qui tend *à la respecter.*

Voilà pourquoi certains verbes prennent après eux la préposition *à*, lorsqu'il s'agit d'une action qui aura du progrès, de l'accroissement, comme dans cette phrase : *Cet enfant commence à parler* (Acad.) ; tandis qu'ils prennent la préposition *de*, quand on a seulement en vue la durée de l'action : exemple : *Lorsque cet orateur commença de parler, il s'éleva dans l'auditoire un murmure favorable.* (Acad.) La première phrase signifie *cet enfant commence* l'acte qui a pour but, pour fin *savoir parler* ; la seconde signifie simplement *lorsque cet orateur commença* l'acte de *parler*, etc.

REMARQUE. — Lorsque l'infinitif est précédé de la préposi-

---

(1) Cette théorie est celle de Dumarsais, qui dit : « La principale destination de la préposition *à* est de marquer la relation d'une chose à une autre, comme le terme où l'on va, ou à quoi ce qu'on fait se termine, le but, la fin, l'attribution, le pourquoi. Les autres usages de cette préposition reviennent ensuite à ceux-là par catachrèse, abus, extension ou imitation. » C'est aussi la théorie de l'Académie ; on lit dans son dictionnaire : « La préposition *à* sert proprement à marquer tendance ou direction vers un lieu, vers un terme quelconque........ Elle s'emploie particulièrement devant le régime ou complément indirect des verbes transitifs, pour marquer de même le terme, la fin de l'action que le verbe exprime. »

tion *de*, le véritable complément direct sous-entendu est ordinairement l'un des mots *l'acte, le fait, l'action.* Exemples :
Je crains de *succomber* (je crains *l'acte, le fait* de succomber). — *Ils se proposent* de *venir* (ils se proposent *l'action*
de venir).

123 *bis*. — On voit que l'infinitif précédé de la préposition
fait partie du complément direct, mais qu'il ne le constitue
pas à lui seul. En conséquence, on dira dans l'analyse :

Tu cherches à nuire. — *Cherches*, verbe transitif, etc. Son complément direct est représenté par les mots *à nuire*, qui en font
partie.
Cet enfant commence à parler. — *Commence*, verbe transitif, etc.
Son complément direct est représenté par les mots *à parler*, qui en
font partie.
L'orateur commença de parler. — *Commença*, verbe transitif,
etc. Son complément direct est représenté par les mots *de parler*,
qui en font partie.

REMARQUE. — Il conviendra néanmoins de rétablir le véritable complément direct, toutes les fois que ce complément
se présentera naturellement, comme dans ces phrases : *Il demande à manger* ; c'est-à-dire, *il demande* quelque chose *à
manger*. — *Dieu ne lui a pas accordé de vivre assez longtemps pour voir ses enfants établis* (Acad.) ; c'est-à-dire,
Dieu ne lui a pas accordé la grâce, la faveur *de vivre assez
longtemps*, etc.

EXERCICES SUR LA CINQUIÈME LEÇON.

57e EXERCICE.

1. On entend des troupeaux de bêtes sauvages passer dans
les ténèbres. (*Châteaubriand*.)—2. Il sait beaucoup de choses,
il en a inventé quelques-unes. — 3. J'ai perdu plus de pistoles
que vous n'en avez gagné. (*Vaugelas*.) — 4. Plus on s'élève,
plus la félicité semble s'éloigner de nous. (*Massillon*.) —
5. Quelques-uns de ces monuments déserts semblaient intacts. (*Lamartine*.)—6. Il commence à comprendre l'anglais.

Modèle d'analyse.

1. *On*, pron. indéf. m. s. sujet du v. *entend*.
    entend, v. transitif, 3e pers. du sing. au présent de l'indicatif,

4e conjug. ayant pour complém. direct *partie* ou *certaine quantité* (sous-entendu).

des (de les) — *de*, préposition.

les, art. m. pl. se rapportant à *troupeaux*.

troupeaux, nom com. m. pl.

de, préposition.

bêtes, nom com. f. pl.

sauvages, adj. qualif. f. pl. se rapportant à *bêtes*.

passer, v. intransitif, au prés. de l'infin. 1re conjug.

dans, préposition.

les, art. f. pl. se rapportant à *ténèbres*.

ténèbres, nom com. f. pl.

2. *Il*, pron. pers. 3e pers. m. s. sujet de *sait*.

sait, v. transitif, 3e pers. du s. au prés. de l'indic. 3e conjug. ayant pour complém. direct *beaucoup de choses*.

beaucoup, adverbe.

de, préposition.

choses, nom com. f. pl.

il, pron. pers. 3e pers. m. s. sujet d'*a inventé*.

en (de cela, *de ces choses*), pron. pers. 3e pers. m. s. complém. du complém. direct *quelques-unes* (1).

a inventé, v. transitif, 3e pers. du sing. au passé indéfini, 1re conjug.

quelques-unes, pron. indéf. f. pl. complém. direct du v. *a inventé*.

3. *J'* (je), pron. pers. 1re pers. du m. s. sujet du v. *ai perdu*.

ai perdu, v. transitif, 1re pers. du sing. au passé indéfini, 4e conjug. ayant pour complém. direct *plus de pistoles*.

plus, adverbe.

de, préposition.

pistoles, nom com. f. pl.

que, conjonction.

vous, pron. pers. 2e pers. du pl. pour le sing. m. ou f. suivant la personne à laquelle on parle, sujet du v. *avez gagné*.

ne, adverbe.

en (de cela), pron. pers. 3e pers. m. s. complém. du complém. direct *partie* (sous-entendu).

avez gagné, v. transitif, 2e pers. du plur. au passé indéf. 1re conjug. ayant pour complém. direct le mot *partie* (sous-entendu.)

4. *Plus*, adverbe.

on, pron. indéf. m. s. sujet de *s'élève*.

s' (se), pron. pers. 3e pers. m. s. complém. direct du v. *élève*.

élève, v. accident. pronomin. transitif, 3e pers. du s. au prés. de l'indic. 1re conjug.

plus, adverbe.

la, art. f. s. se rapportant à *félicité*.

félicité, nom com. f. s. sujet du v. *semble*.

---

(1) On pourrait dire aussi que *en* est du fém. plur. comme tenant la place de *de ces choses*.

semble, v. intrans. 3ᵉ pers. du sing. au prés de l'indic. 1ʳᵉ conjug.

s' (se), pron. pers. 3ᵉ pers. f. s. rappelant l'idée de *félicité*, et complém. direct du v. *éloigner.*

éloigner, v. accident. pronomin. transitif, au prés. de l'infin. 1ʳᵉ conjug.

de, préposition.

nous, pron. pers. 1ʳᵉ pers. du pl. m.

5. *Quelques-uns,* pron indéf. m. pl. sujet de *semblaient.*

de, préposition.

ces, adj. démonst. m. pl. se rapportant à *monuments.*

monuments, nom com. m. pl.

déserts, adj. qual. m. pl. se rapportant à *monuments.*

semblaient, v. intrans. 3ᵉ pers. du plur. à l'imparf. de l'indic. 1ʳᵉ conjug.

intacts, adj. qual. m. pl. se rapportant à *monuments.*

6. *Il,* pron. pers. 3ᵉ pers. du s. m. sujet de *commence.*

commence, v. transitif, 3ᵉ pers. du sing. au prés de l'indic. 1ʳᵉ conjug. Son complém. direct est représenté par les mots *comprendre l'anglais,* qui en font partie.

à, préposition.

comprendre, v. transitif, au prés. de l'infin. 4ᵉ conjug.

l' (le), art. m. s. se rapportant à *anglais.*

anglais, adj. employé comme nom (1), m. s. complém. direct du v. *comprendre.*

58ᵉ EXERCICE.

1. Quelques animaux creusent des demeures souterraines et se réfugient dans des cavernes. (*Buffon.*) — 2. Il a lui seul fait plus d'exploits que d'autres n'en ont lu. (*Boileau.*) — 3. Toutes nos actions doivent tendre à la gloire de Dieu. (*Acad.*) — 4. Ceux qui croient n'avoir plus besoin d'autrui deviennent intraitables. (*Vauvenargues.*)

5. Il commande au soleil d'animer la nature. (Racine.)

59ᵉ EXERCICE.

1. Les soldats conduiront de l'artillerie dans tous les lieux où il est à propos d'en mettre. (*Saint-Réal.*) — 2. L'un et l'autre ont porté la concision aussi loin qu'elle peut aller. (*Villemain.*) — 3. Elle appréhendait d'abuser des miséricor-

(1) Ici il y a réellement de sous-entendu le mot *langage* : à comprendre le *langage* anglais ; mais on peut se dispenser de rétablir l'ellipse.

des de Dieu. (*Fléchier.*) — Un caprice de la Fortune a relevé des trônes abattus. (*Daru.*)

5. Je voudrais inspirer l'amour de la retraite. (LA FONTAINE.)
6. Vous changez de couleur et semblez interdit. (RACINE.)

60ᵉ EXERCICE.

1. Oui, je viens dans son temple adorer l'Éternel. (RACINE.)
2. Ses mots les plus flatteurs paraissent des rudesses. (BOILEAU.)
3. Albe où j'ai commencé de respirer le jour. (CORNEILLE.)
4. .... On m'explique sa loi.
   Dans son livre divin on m'apprend à la lire,
   Et déjà de ma main je commence à l'écrire. (RACINE.)
5. Que deviendront ces biens où votre espoir se fonde ?
   (J.-B. ROUSSEAU.)
6. Et le Rhin de ses flots ira grossir la Loire,
   Avant que tes faveurs sortent de ma mémoire. (BOILEAU.)

6ᵉ LEÇON. — DE LA CONSTRUCTION ET DES FIGURES DE CONSTRUCTION ou DE SYNTAXE.

Inversion et pléonasme.

124. — La *construction* est l'arrangement des mots dans le discours.

La construction est *simple* ou elle est *figurée*.

La construction *simple* ou *directe* présente d'abord le sujet avec les mots qui s'y rattachent, puis le verbe seul ou suivi de ses compléments : la construction est directe dans ces phrases : *Dieu a créé le monde. La flotte de Xerxès fut détruite à Salamine.*

La construction *figurée* est celle dans laquelle on ne suit pas l'ordre direct, ni les procédés ordinaires de l'énonciation de la pensée.

125. — On appelle *figures de construction, de syntaxe* ou *de grammaire*, certaines constructions qui s'écartent de l'ordre simple, naturel ou direct. Ces figures sont l'*inversion*, le *pléonasme*, l'*ellipse* et la *syllepse*.

126. — **Inversion.** L'*inversion* est le renversement de la construction directe. Il y a inversion toutes les fois que les mots de la phrase ne sont point placés dans l'ordre de la construction simple, par exemple dans cette phrase : *Que voulez-*

vous? il y a inversion du sujet *vous* et du complément direct *que;* l'ordre direct serait *vous voulez que* ou *quoi?*

127. — L'inversion peut consister dans le déplacement du sujet, du complément du sujet, des compléments du verbe, ou du sujet et du verbe en même temps. Mais quelle que soit l'inversion, il faut dans l'analyse grammaticale suivre l'ordre direct, sans qu'il soit nécessaire de dire qu'il y a inversion de telle ou telle partie de la phrase. Voyons quelques exemples.

1° Inversion du sujet :

> Il ne convient pas à vous-mêmes,
> Repartit le vieillard. (LA FONTAINE.)

pour *le vieillard repartit.*

2° Inversion du complément du sujet :

> Ainsi de la vertu les lois sont éternelles. (RACINE fils.)

pour *ainsi les lois de la vertu sont éternelles.*

3° Inversion des compléments du verbe :

> Dans le temple des Juifs un instinct m'a poussée. (RACINE.)

pour *un instinct m'a poussée dans le temple des Juifs.*

> Tous les jours je t'attends, tu reviens tous les jours. (RACINE fils.)

pour *j'attends te* (toi) *tous les jours.*

4° Inversion du sujet et du verbe :

> Le plus grand ouvrier de la nature est le temps. (BUFFON.)

pour *le temps est le plus grand ouvrier de la nature*

128. — **Pléonasme et mots explétifs.** « Le *pléonasme* consiste dans l'emploi de mots qui sont inutiles pour le sens, mais qui peuvent donner à la phrase plus de grâce ou plus de force. » *(Acad.)* Exemples :

> Eh! que m'a fait, *à moi,* cette Troie où je cours? (RACINE.)
> Mais enfin je l'ai vu, *vu de mes yeux,* vous dis-je. (LA FONTAINE.)

Les mots *à moi* et *vu de mes yeux* forment des pléonasmes dans ces deux vers : ils ne sont pas nécessaires au sens, et l'on pourrait les retrancher ; mais alors l'expression perdrait toute son énergie. C'est aussi pour donner plus de force à l'expression que l'on dit : *Je l'ai entendu* de mes propres oreilles. *Il lui appartient bien, à lui, de parler ainsi.*

Dans l'analyse on devra signaler les mots formant pléonasme, et l'on en indiquera autant que possible la fonction. Ainsi dans le vers ci-dessus de Racine on dira : *à moi*, pléonasme, répétition du complément indirect *me*.

129. — REMARQUES. I. Les pronoms *nous, vous*, forment pléonasme, lorsqu'ils résument des sujets particuliers de différentes personnes, comme dans ces phrases ; *Pénélope et moi, nous avons perdu l'espoir de le revoir* (Fénelon) ; *Vous et votre frère*, vous lisez.

II. Les pronoms personnels *moi, toi, nous, vous*, rappelant l'idée du sujet, forment aussi pléonasme dans ces phrases : *Je l'ai reçu moi-même ; Tu as fait toi-même ton malheur ; Nous l'avons vu nous-mêmes*.

Mais ces pronoms ne forment point pléonasme lorsqu'ils signifient *pour* ou *quant à moi, à toi, à nous, à vous*, comme dans : Moi, *je partis, et toi, tu restas*. Nous, *nous donnerons des vêtements à ces pauvres gens ; et vous, ne ferez-vous rien pour eux ?* Ce cas est à peu près analogue à celui où les noms sont employés au vocatif ou par apostrophe; les pronoms, *moi, toi, nous*, etc., appellent l'attention sur les personnes qu'ils désignent, et les mettent pour ainsi dire en relief. Il en est de même dans ces vers, où le pronom *moi* forme une sorte d'exclamation :

> Et *moi* qui l'amenai triomphante, adorée,
> Je m'en retournerai seule et désespérée! (RACINE.)
> *Moi*, des bienfaits de Dieu je perdrais la mémoire ! (ID.)

130. — On entend par *mots explétifs* des mots inutiles pour le sens et qui cependant ne forment point un pléonasme. Exemples : *Prenez*-moi *ce flambeau*. (Acad.) *Je* vous *le traiterai comme il le mérite*. (Id.)

Ici les mots *moi* et *vous* ne sont aucunement nécessaires au sens de la phrase, et l'on pourrait parfaitement les retrancher; ils ne font pas néanmoins pléonasme, puisqu'ils n'expriment pas une idée déjà exprimée. L'emploi de ces mots peut s'expliquer par le rétablissement d'autres mots sous-entendus, de cette manière : *Prenez, croyez*-moi, *ce flambeau ; je vous assure que je le traiterai comme il le mérite*.

EXERCICES SUR LA SIXIÈME LEÇON.

61e EXERCICE.

1. Par là se vérifie ce que dit l'apôtre. (*Bossuet*.)— 2. A un gouvernement si important on en joignit un autre. (*Montesquieu*.)— 3. Ils avaient grand besoin, lui et Basile, d'une telle vertu pour se soutenir au milieu des périls d'Athènes. (*Rol-*

lin.) —4. Je vous assure que nous sympathisons, vous et moi. (*Molière.*)

> 5. Le plus âne des trois n'est pas celui qu'on pense. (LA FONTAINE.)
> 6.   On vous sangla le pauvre drille. (ID.)

Modèle d'analyse.

1. Ce que l'apôtre dit se vérifie par là (1).

> *Ce*, pron. démonst. m. s. sujet de *se vérifie.*
> *que*, pron. conjonct. m. s. 3ᵉ pers. ayant pour antécéd. *ce*, et complém. direct du v. *dit.*
> *l'* (le), art. m. s. se rapportant à *apôtre.*
> *apôtre*, nom com. m. s. sujet de *dit.*
> *dit*, v. transitif, 3ᵉ pers. du s. au prés. de l'indic. 4ᵉ conjug.
> *se*, pron. pers. 3ᵉ pers. m. s. rappelant l'idée du pron. *ce*, et complém. direct du v. *vérifie.*
> *vérifie*, v. accident. pronomin. transitif, 3ᵉ pers. du s. au prés. de l'indic. 1ʳᵉ conjug.
> *par*, préposition.
> *là*, adverbe.

2. On en joignit un autre à un gouvernement si important.

> *On*, pron. indéf. m. s. sujet de *joignit.*
> *en* (de cela, *de gouvernement*), pron. pers. 3ᵉ pers. m. s. complém. du complém. direct *un autre.*
> *joignit*, v. transitif, 3ᵉ pers. du s. au passé défini, 4ᵉ conjug.
> *un autre*, pron. indéf. m. s. complém. direct de *joignit.*
> *à*, préposition.
> *un*, adj. num. card. m. s. se rapportant à *gouvernement.*
> *gouvernement*, nom com. m. s. complém. indir. de *joignit.*
> *si*, adverbe.
> *important*, adj. qualif. m. s. se rapportant à *gouvernement.*

3. *Ils*, pron. pers. 3ᵉ pers. m. pl. sujet d'*avaient.*

> *avaient*, v. transitif, 3ᵉ pers. du plur. à l'imparf. de l'indicatif, 3ᵉ conjug.
> *grand*, adj. qualif. m. s. se rapportant à *besoin.*
> *besoin*, nom com. m. s. complém. direct d'*avaient.*
> *lui et Basile*, répétition du sujet, formant pléonasme.
> *lui*, pron. pers. m. s. 3ᵉ pers.
> *et*, conjonction.
> *Basile*, nom propre, m. s.
> *d'* (de), préposition.
> *une*, adj. num. card. f. s. se rapportant à *vertu.*
> *telle*, adj. indéf. f. s. se rapportant à *vertu.*
> *vertu*, nom com. f. s.
> *pour*, préposition.
> *se*, pron. pers. 3ᵉ pers. m. pl. rappelant l'idée du sujet *ils*, et complém. direct du v. *soutenir.*
> *soutenir*, v. accident. pronomin. transitif, au prés. de l'infin. 2ᵉ conjug.

---

(1) Dans ce modèle nous donnons la construction directe de la phrase qui présente une inversion : on pourra exiger de l'élève qu'il fasse seulement cette construction de vive voix, sans l'écrire.

au milieu de, locution prépositive.

les, art. m. pl. se rapportant à *périls*.

périls, nom com. m. pl.

d' (de), préposition.

Athènes, nom propre, f. s.

4. *Je*, pron. pers. 1re pers. du s. m. ou f. suivant la personne qui parle, sujet du v. *assure*.

vous (à vous), pron. pers. 2e pers. du pl. pour le sing. m. ou f. suivant la personne à qui l'on parle, et complém. indirect d'*assure*.

assure, v. transitif, 1re pers. du s. au prés. de l'indic. 1re conjug. ayant pour complém. direct *ceci* (sous-entendu) ou la phrase qui suit.

que, conjonction.

nous, pron. pers. 1re pers. du plur. des deux genres, sujet du v. *sympathisons*.

sympathisons, v. intrans. 1re pers. du plur. au prés. de l'indic. 1re conjug.

vous et moi, répétition du sujet, formant pléonasme.

vous, pron. pers. 2e pers. du plur. pour le sing. des deux genres.

et, conjonction.

moi, pron. pers. 1re pers. du s. m. ou f. suivant la personne qui parle.

5. Celui qu'on pense n'est pas le plus âne des trois.

Celui, pron. démonst. m. s. sujet du v. *est*.

que, pron. conjonct. m. sing. 3e pers. ayant pour antécéd. *celui*, et complém. direct du v. *pense*.

on, pron. indéf. m. s. sujet de *pense*.

pense, v. transit. 3e pers. du s. au prés. de l'indic. 1re conjug.

ne pas, adverbe.

est, v. essentiel, 3e pers. du s. au prés. de l'indic. 4e conjug.

le plus, adverbe.

âne, nom com. employé comme adj. m. s. se rapportant à *celui*.

des (de les)—*de*, prépos.

les, art. m. pl. se rapportant à *trois*.

trois, adj. num. card. m. pl. employé comme nom.

6. *On*, pron. indéf. m.s. sujet de *sangla*.

vous, pron. pers. 2e pers. du plur. et des deux genres, mot explétif.

sangla, v. transitif, 3e pers. du s. au passé défini, 1re conjug.

le, art. m. s. se rapportant à *drille*.

pauvre, adj. qualif. m. s. se rapportant à *drille*.

drille, nom com. m. s. complém. direct de *sangla*.

62e EXERCICE.

1. Contentez-vous, Romains, ajouta-t-il (1), de la soumis-

(1) Le verbe des phrases *ajouta-t-il*, *dit-il*, etc., insérées dans un discours que l'on rapporte textuellement, a pour complément direct l'un des pronoms *ce*, *ceci* ou *cela*, sous-entendu.

sion de ce grand homme. (*Vertot.*) — 2. Narbal et moi, nous admirâmes la bonté des dieux, qui récompensaient notre sincérité. (*Fénelon.*) — 3. Nous ne nous donnons pas à nous-mêmes nos sensations. (*Vauvenargues.*)— 4. Vient-on à citer un fait, chacun le raconte aux autres. (*Andrieux.*)

5. Quel fruit de ce labeur pensez-vous recueillir ? (La Fontaine.)
6. Que vois-je, cria-t-il, ôtez-moi cet objet. (Id.)

63e EXERCICE.

1. Il veut, disait l'un, se perpétuer dans le commandement. (*Montesquieu.*) — 2. Nous nous quittâmes, moi et l'Indienne, après nous être serré la main. (*Châteaubriand.*)

3. Au Cid persécuté Cinna doit sa naissance. (Boileau.)
4. Comment en un vil plomb l'or pur s'est-il changé ? (Racine.)
5. Pour qui sont ces serpents qui sifflent sur vos têtes ? (Id.)
6. Oui, contre deux amis la fortune est sans armes. (Ducis.)

64e EXERCICE.

1. Comment est disparu ce maître impitoyable ? (Racine fils.)
2. Quel est dans ce lieu saint ce pontife égorgé ? (Racine.)
3. Car vous ne m'épargnez guère,
   Vous, vos bergers et vos chiens. (La Fontaine.)
4. Je vous connais de longtemps, mes amis ;
   Et tous deux vous paierez l'amende :
   Car toi, loup, tu te plains, quoiqu'on ne t'ait rien pris ;
   Et toi, renard, as pris ce que l'on te demande. (Id.)

7e LEÇON. — SUITE DES FIGURES DE CONSTRUCTION OU DE SYNTAXE.

Ellipse et syllepse.

131. — Ellipse. L'*ellipse* est le retranchement d'un ou de plusieurs mots nécessaires au sens de la phrase, et que l'on peut facilement suppléer.

132. — Toutes les fois qu'un mot ou un membre de phrase est sous-entendu, on dit qu'il y a ellipse de ce mot ou de ce membre de phrase ; et en faisant l'analyse on remplit l'ellipse, c'est-à-dire que l'on exprime le mot ou la partie de la phrase qui est sous-entendue. Exemples : *Les dix années qu'il a* *régné* ; sous-entendu *pendant* (pendant lesquelles il a régné). — *Nous marchâmes les armes à la main ;* sous-entendu *ayant* (ayant les armes à la main). — *Ce tableau est du Poussin* (Acad.) ; sous-entendu *l'œuvre* (est l'œuvre du Poussin). — *Qui demandez-vous ? Monsieur Abel ;* sous-entendu *je demande* (je demande M. Abel).

133.— Les ellipses les plus remarquables sont celles du sujet, du verbe, du sujet et du verbe en même temps. Exemples :

1° Ellipse du sujet :

> Qui cherche vraiment Dieu sur Dieu seul se repose.

sous-entendu *celui*, sujet de *se repose* (celui qui cherche vraiment Dieu se repose sur Dieu seul).

> Quittez les bois, vous ferez bien. (LA FONTAINE.)

sous-entendu *vous*, sujet de *quittez.*

2° Ellipse du verbe :

> Nul bien sans mal, nul plaisir sans mélange. (ID.)

c'est-à-dire, *nul bien* n'est *sans mal, nul plaisir* n'est *sans mélange.*

> Ainsi parla le loup, et flatteurs d'applaudir. (ID.)

c'est-à-dire, *et flatteurs* se hâtèrent d'applaudir.

3° Ellipse du sujet et du verbe : *Quand partez-vous ? — Demain ;* c'est-à-dire, je pars *demain.*

Pourquoi le contrarier ? c'est-à-dire, *pourquoi* voulez-vous *le contrarier ?* ou *pourquoi* vous appliquez-vous à *le contrarier ?*

> Que vouliez-vous qu'il fît contre trois ? — Qu'il mourût. (CORNEILLE.)

c'est-à-dire, je voulais *qu'il mourût.*

134. — REMARQUES. I. Il y a ellipse du verbe à un mode personnel et quelquefois aussi du sujet, après les expressions conjonctives *comme, ainsi que, de même que,* formant incise (1). Exemples : *L'éléphant, comme le castor, aime la société de ses semblables* (Buffon) ; c'est-à-dire, *l'éléphant aime la société de ses semblables, comme le castor* aime celle des siens.

_____

(1) On entend ordinairement par *incise* un membre de phrase ou une phrase entière insérée dans une autre, et qui suspend le sens de la phrase commencée.

Je lui ai dit, comme à vous, tout ce que j'en pensais (Acad.) ;
c'est-à-dire, *comme je l'ai dit à vous.*

L'homme, ainsi que la vigne, a besoin de support. (DUFRESNEL.)

c'est-à-dire, *l'homme a besoin de support, de même que la vigne en*
a besoin.

J'ai cru, de même que vous, que cela était vrai (Acad.) ; c'est-
à-dire, *j'ai cru que cela était vrai, de même que vous l'avez*
cru.

II. Mais si la partie de la phrase commençant par l'une de ces
expressions conjonctives ne forme pas une incise, il y aura ellipse de tout autre mot que le sujet et le verbe à un mode personnel, ou même il n'y aura pas ellipse. Exemples : *Je regarde cela*
comme une chose non avenue (Acad.) ; c'est-à-dire, *comme étant une*
chose non avenue,

La vérité ainsi que la reconnaissance m'obligent à dire que, etc.
(B. de Saint-Pierre) ; c'est-à-dire, *la vérité et la reconnaissance*
m'obligent à dire, etc. On voit que dans ce cas la locution *ainsi que*
a le sens de la conjonction *et ;* il en est de même dans cette
phrase : *Les Romains attaquèrent les Carthaginois ainsi que leurs*
alliés ; c'est-à-dire, *et leurs alliés.*

III. A la suite des expressions *aussi, si, plus, mieux, moins,*
formant comparaison, et des comparatifs *meilleur, pire, moindre,*
le second terme de la comparaison est réellement sujet d'un verbe
sous-entendu ; exemple : *Il est aussi à plaindre que vous* (Acad.) ;
c'est-à-dire, *il est aussi à plaindre que vous êtes à plaindre.* Cependant il n'est point nécessaire de pousser l'analyse si loin, et l'on
pourra se dispenser de remplir l'ellipse.

IV. Les expressions composées *l'un l'autre, l'un à l'autre, l'un*
et l'autre, placées à la suite d'un verbe, supposent l'ellipse de ce
verbe : *Ils se gâtent l'un l'autre* (Acad.) ; c'est-à-dire, *ils se gâtent,*
l'un gâte l'autre. On pourra rétablir l'ellipse ou bien dire simplement que *l'un l'autre* est une répétition de la pensée déjà exprimée
et énoncée de nouveau dans le sens distributif, *l'un gâtant l'autre.*

V. Lorsque le sujet est multiple et que les sujets particuliers
dont il est composé sont de la troisième personne et unis par une
des conjonctions *ou, ni,* il y a ellipse du verbe, si l'action ou l'état
affirmé par ce verbe ne se dit que d'un seul sujet particulier, à
l'exclusion de tout autre. Exemples: *Cicéron ou Démosthène a dit*
cela (Laveaux) ; c'est-à-dire, *Cicéron a dit cela ou Démosthène a dit*
cela. — *Ni Pierre ni Paul ne sera nommé juge de paix du canton ;*
c'est-à-dire, *ni Pierre ne sera nommé juge de paix du canton, ni*
Paul ne sera nommé, etc.

VI. Mais si l'action ou l'état affirmé par le verbe se dit de tous les
sujets particuliers, sans qu'il y ait exclusion nécessaire d'un de ces
sujets, il n'y a pas ellipse du verbe, et le verbe exprimé est au pluriel (1). Exemples: *La peur ou la misère ont fait commettre bien des*
fautes. (Acad.) *Le bonheur ou la témérité ont pu faire des héros ; mais*
la vertu toute seule peut former des grands hommes. (Massillon.)

(1) Voyez notre *Grammaire avec compléments,* parag. 413, 414 et 416.

Ni l'or ni la grandeur ne nous rendent heureux. (LA FONTAINE.)

VII. Si les sujets particuliers sont à peu près synonymes, le verbe se met au singulier, parce qu'il n'y a réellement qu'un sujet simple, le dernier étant alors une répétition ou plutôt une correction du premier. Exemple : *La douceur, la bonté du grand Henri a été célébrée de mille louanges* (Pélisson) ; *la douceur* et par correction d'expression *la bonté*, sujet.

VIII. Lorsque les sujets particuliers forment une gradation, ou quand l'énumération de ces sujets particuliers est résumée par un seul mot, tel que *chacun, aucun, nul, tout, rien*, etc., il y a réellement autant de verbes que de sujets ; mais on se dispensera de remplir les ellipses. Soient ces exemples : *Ce sacrifice, votre intérêt, votre honneur, Dieu le commande.* (Domergue.)

Remords, crainte, péril, rien ne m'a retenue. (RACINE.)

on dira : *votre intérêt, votre honneur, Dieu*, sujet multiple, résumé par l'expression dominante *Dieu*. — *Remords, crainte, péril, rien*, sujet multiple, résumé par l'expression dominante *rien*.

135. — **Syllepse.** La *syllepse* est une figure qui consiste à mettre les mots en rapport, non avec d'autres mots suivant les règles de la grammaire, mais avec la pensée même qu'ils expriment.

Bossuet a dit : *Quand le peuple hébreu entra dans la Terre promise, tout y célébrait leurs ancêtres.* L'adjectif possessif *leur* ne s'emploie d'ordinaire qu'avec relation à un nom du pluriel, et il est ici relatif au nom *peuple*, qui est au singulier. D'après la grammaire, il faudrait donc dire *tout y célébrait ses ancêtres* ; mais le nom collectif *peuple* éveille une idée de pluralité : le *peuple hébreu* ce sont *les Juifs, les Hébreux*, et cette idée, qui est dans l'esprit de Bossuet, amène l'emploi de *leurs* au lieu de *ses*, qu'exigerait la grammaire : c'est là une syllepse.

Il y a encore syllepse dans cette phrase : *Une foule de gens vous diront qu'il n'en est rien* (Acad.), car le verbe *diront* s'accorde, non avec le sujet *une foule*, mais avec *gens*, complément du sujet.

On trouve aussi, mais plus rarement, des syllepses de genre, comme quand on dit : *Les vieilles gens sont soupçonneux* (1) ; et dans cette phrase de La Bruyère : *Les personnes*

(1) *Gens* est le pluriel du substantif féminin *gent* : *La gent qui porte le turban.* (Acad.) *Oh ! oh ! dit-il, je me reproche le sang de cette gent.* (La Fontaine.) Ainsi *gens* est du féminin ; mais comme il exprime l'idée d'une pluralité de personnes, abstraction faite du genre, l'accord de l'adjectif se fait avec l'idée et non avec le mot.

d'esprit ont en eux *les semences de tous les sentiments,* au lieu de *ont en elles.*

EXERCICES SUR LA SEPTIÈME LEÇON.

65ᵉ EXERCICE.

1. Qui doute pense, et qui pense est. (*Vauvenargues.*) — 2. Voudriez-vous me perdre, moi votre allié ? — 3. L'écureuil ne s'engourdit pas comme le loir, pendant l'hiver. (*Buffon.*) —4. On le citait comme le plus intègre des magistrats. (*Acad.*) — 5. Ils baissèrent la lance et coururent l'un contre l'autre. (*Id.*) — 6. L'estime vaut mieux que la célébrité. (*Id.*) — 7. Le peu de jours que les dieux me destinent encore à passer sur la terre, seront environnés de gloire et d'honneurs. (*Vertot.*)

Modèle d'analyse.

1. *Celui,* sous-entendu, pron. démonst. m. s. sujet du v. *pense.*

    qui, pron. conjonct. m. s. 3ᵉ pers. ayant pour antéc. *celui,* et sujet du v. *doute.*

    doute, v. intrans. 3ᵉ pers. du s. au prés. de l'indicatif, 1ʳᵉ conjug.

    pense, v. intrans. 3ᵉ pers. du s. au prés. de l'indicatif, 1ʳᵉ conjug.

    et, conjonction.

    celui, sous-entendu, pron. démonst. m. s. sujet du v. *est.*

    qui, pron. conjonct. m. s. 3ᵉ pers. ayant pour antécéd. *celui,* et sujet du v. *pense.*

    pense, v. intrans. 3ᵉ pers. du s. au prés. de l'indic. 1ʳᵉ conjug.

    est, v. essentiel, 3ᵉ pers. du s. au prés. de l'indic. 4ᵉ conjug.

2. *Vous,* pron. pers. 2ᵉ pers. du pl. pour le sing. m. ou f. suivant la personne à laquelle on parle, et sujet du v. *voudriez.*

    voudriez, v. transitif, 2ᵉ pers. du plur. au condit. prés. 3ᵉ conjug.

    me, pron. pers. 1ʳᵉ pers. du s. m. complém. direct du verbe *perdre.*

    perdre, v. transitif, au prés. de l'infin. 4ᵉ conjug. et complém. direct du v. *voudriez.*

    moi, pron. pers. 1ʳᵉ pers. du s. m. répétition du complém. direct *me,* et formant pléonasme.

    qui, sous-entendu, pron. conjonct. 1ʳᵉ pers. m. s. ayant pour antéc. *moi,* et sujet du v. *suis.*

    suis, sous-entendu, v. essentiel, 1ʳᵉ pers. du sing. au prés. de l'indic. 4ᵉ conjug.

    votre, adj. poss. m. s. se rapportant à *allié.*

    allié, nom com. m. s. pris adjectivement, se rapportant à *qui.*

3. *L'* (le), art. m. s. se rapportant à *écureuil.*
écureuil, nom com. m. s. sujet de *s'engourdit.*
ne pas, adverbe.
se, pron. pers. 3e pers. m. sing. rappelant l'idée d'*écureuit*, et
  complém. direct d'*engourdit.*
engourdit, v. accident. pronomin. 3e pers. du sing. au près. de
  l'indic. 2e conjug.
comme, conjonction.
le, art. m. s. se rapportant à *loir.*
loir, nom com. m. s. sujet du v. *s'engourdit*, sous-entendu.
pendant, préposition.
l' (le), art. m. s. se rapportant à *hiver.*
hiver, nom com. m. s.

4. *On*, pron. indéf. m. s. sujet de *citait.*
le, pron. pers. 3e pers. m. s. complém. direct de *citait.*
citait, v. transitif, 3e pers. du s. à l'imparfait de l'indicatif,
  1re conjug.
comme, conjonction.
étant, sous-entendu, participe prés. du v. essentiel *être.*
le plus, adverbe.
intègre, adj. qualif. m. s. se rapportant à *magistrat*, sous-entendu.
des (de les) — *de*, préposition.
les, art. m. pl. se rapportant à *magistrats.*
magistrats, nom com. m. pl.

5. *Ils*, pron. pers. 3e pers. du pl. m. sujet de *baissèrent.*
baissèrent, v. transitif, 3e pers. du plur. au passé défini, 1re
  conjug.
la, art. f. s. se rapportant à *lance.*
lance, nom com. f. s. complém. direct de *baissèrent.*
et, conjonction.
ils, sous-entendu, pron. pers. 3t pers. du pl. m. sujet de *coururent.*
coururent, v. intransitif, 3e pers. du plur. au passé défini, 2e
  conjug.
l'un, pron. indéf. m. s. sujet de *courut*, sous-entendu.
courut, sous-entendu, v. intrans. 3e pers. du s. au passé défini,
  2e conjug.
contre, préposition.
l'autre, pron. indéf. m. s.

6. *L'* (la), art. f. s. se rapportant à *estime.*
estime, nom com. f. s. sujet de *vaut.*
vaut, v. intrans. 3e pers. du s. au prés. de l'indic. 3e conjug.
mieux, adverbe.
que, conjonction.
la, art. f. s. se rapportant à *célébrité.*
célébrité, nom com. f. s. sujet de *vaut*, sous-entendu.

7. *Le*, art. m. s. se rapportant à *peu.*
peu, nom com. m. s.
de, préposition.
jours, nom com. m. pl. *Le peu de jours*, sujet logique du v. *seront.*

Exercices d'analyse grammaticale. 5

que, pron. conjonctif, 3e pers. m. pl. ayant pour antécédent *jours*, et complém. direct du v. *passer.*

les, art. m. pl. se rapportant à *dieux.*

dieux, nom com. m. pl. sujet de *destinent.*

me, pron. pers. 1re pers. du s. m. ou f. suivant la personne qui parle, et complém. direct de *destinent.*

destinent, v. transitif, 3e pers. du plur. au prés. de l'indicatif, 1re conjug.

encore, adverbe.

à, préposition.

passer, v. transitif, au prés. de l'infin. 1re conjug.

sur, préposition.

la, art. f. s. se rapportant à *terre.*

terre, nom com. f. s.

seront, v. essentiel, 3e pers. du pl. au futur, 4e conjug. s'accordant par syllepse avec le mot *jours.*

environnés, participe adj. m. pl. se rapportant à *jours.*

de, préposition.

gloire, nom com. f. s.

et, conjonction.

d' (de), préposition.

honneurs, nom. com. m. pl.

66e EXERCICE.

1. Les beautés de la nature nous attestent l'existence de Dieu, et les misères de l'homme, les vérités de la religion. (*B. de St-Pierre.*)—2. La vérité, comme la lumière, est inaltérable. (*Id.*) — 3. La nature avait aussi bien traité César que la fortune. (*de Ségur.*)—4. Une froideur ou une incivilité qui vient de ceux qui sont au-dessus de nous, nous les fait haïr ; mais un salut ou un sourire nous les réconcilie. (*La Bruyère.*)

67e EXERCICE.

1. Quand l'homme a rassemblé autour de lui ce qui lui suffit pour vivre tranquille, l'ambition, la jalousie, l'avarice, la gourmandise, l'incontinence ou l'ennui, viennent s'emparer de son cœur. (*B. de St-Pierre.*)— 2. Dans tous les âges de la vie, l'amour du travail, le goût de l'étude, est un bien. (*Marmontel.*) — 3. Qui ne se fie qu'à soi seul ne court pas le risque de la trahison.

4. Que m'avaient-ils fait? Nulle offense. (LA FONTAINE.)

68e EXERCICE.

1. Ces deux hommes s'unirent avec Octave, et ils se don-

nèrent l'un à l'autre la vie de leurs amis et de leurs ennemis.
(*Montesquieu.*)

2. Vous, favori ! vous, grand ! Défiez-vous des rois. (LA FONTAINE.)
2. A moi les proposer ! hélas ! ils font pitié. (ID.)
4. Hommes, dieux, animaux, tout y fait quelque rôle. (ID.)
5. Le roi de ces gens-là n'a pas moins de défauts
    Que ses sujets. (ID.)
6. Ce long amas d'aïeux que vous diffamez tous,
    Sont autant de témoins qui parlent contre vous. (BOILEAU.)

8e LEÇON. — DES GALLICISMES.

136. — On entend par *gallicisme* une construction propre
et particulière à la langue française, ou une façon de parler,
contraire aux règles ordinaires de la grammaire, mais autori-
sée par l'usage.

137. — Le *verbe impersonnel* est le plus fréquent des gallicismes. Nous avons vu (paragr. 116, *remarque* II) que dans
ces verbes, le pronom *il* n'est que le sujet apparent ou sujet
grammatical, et que le véritable sujet est ordinairement exprimé après ou avant le verbe (1). De sorte que cette phrase :
Il y a une heure que je l'attends, doit s'analyser de la
manière ci-après, en considérant l'expression *y a* comme
équivalant au verbe *être* (une heure *est depuis* que je l'attends) :

Il, pronom personnel pris impersonnellement, m. s. sujet gram-
    matical de *y a* (2).
y a, expression composée équivalant à *est*, verbe impersonnel,
    3e pers. du s. au prés. de l'indic. 3e conjug.
une, adj. num. card. f. s. se rapportant à *heure*.
heure, nom com. f. s. sujet logique de *y a*.
que (depuis que), conjonction, etc.

138. — Soit encore cette phrase : *Le froid qu'il a fait a gelé
toutes mes plantes.* Nous voyons d'abord que le nom *froid*
est sujet du verbe *a gelé*, et que le pronom *que* rappelle l'i-
dée de ce nom. *Le froid qu'il a fait* signifie évidemment *le
froid qui est survenu, qui est arrivé* : le pronom *que* a donc

(1) Quelquefois le sujet logique n'est point exprimé : *il pleut, il tonne.*
C'est la cause du phénomène qui est le véritable sujet, et comme l'idée de
cette cause est vague, générale, on se contente du sujet indéfini *il*. Du
reste, ce cas ne présente aucune difficulté d'analyse.
(2) *Il* impersonnel est réellement du genre neutre. (Voyez la note sur le
paragr. 115, ainsi que la note sur la remarque VIII, paragr. 91.)

ici la fonction du pronom *qui ;* c'est le sujet logique, le véritable sujet du verbe impersonnel *a fait*, et ce verbe est intransitif, comme *est survenu, est arrivé* (1). Il faudra donc analyser de la manière suivante :

> *Le*, article m. s. se rapportant *à froid.*
> *froid*, nom com. m. s. sujet de *a gelé.*
>   *que*, pour *qui*, pron. conjonctif, m. s. sujet logique de *a fait.*
> *il*, pron. personnel pris impersonnellement, m. s. sujet grammatical de *a fait.*
> *a fait*, pour *est arrivé*, **v.** impersonnel, 3e pers. du s. au passé indéf. 4e conjug.
> *a gelé*, etc.

139. — Voici l'explication de quelques gallicismes formés par des verbes impersonnels ; cette explication indique suffisamment la manière dont devra se faire l'analyse grammaticale.

> *Il est temps de partir.* — Il (ceci), *savoir* temps de partir, est. (*il*, sujet grammatical ; *temps de partir*, sujet logique).
> *Il est arrivé de grands malheurs.* — Il (ceci), *savoir* de grands malheurs, est arrivé.
> *Il faut travailler.* — Il (ceci), *savoir* travailler, faut (manque, est nécessaire) (2).
> *Il s'ensuit que l'affaire est bonne.* — Il (ceci), *savoir* que l'affaire est bonne, s'ensuit (résulte).

Dans ce dernier exemple, *s'ensuit*, formé des pronoms *se*, *en*, et du verbe *suivre*, a le sens de *résulte* ; c'est donc une expression équivalant à un verbe intransitif.

140. — De même, dans les verbes impersonnels pronominaux, tels que *il s'élève, il se fait, il s'en faut*, on considérera comme réunis et ne formant qu'une seule expression, les pronoms *se*, *en* et le verbe. Exemples :

> *Il s'élève plusieurs difficultés.* — Il (ceci), *savoir* plusieurs difficultés, s'élève (surgit).
> *Il se fait tard.* — Il (ceci), *savoir* tard, se fait (arrive, survient).
> *Il s'en faut de dix francs* (comme on dirait : il y a manque de dix francs). — Il (ceci), *savoir la somme* de dix francs, s'en faut (manque).

---

(1) Voyez nos *Leçons et exercices gradués d'analyse logique*, 12e leçon.
(2) *Falloir* est un mot de la vieille langue française, dans laquelle il a toujours le sens du verbe *manquer*, et qui a encore ce sens aujourd'hui dans les locutions *peu s'en faut, il s'en faut de beaucoup*, etc. ; or ce qui manque, par cela même est nécessaire.

141. — Un très-grand nombre de gallicismes résultent aussi de l'emploi du pronom *ce* devant le verbe *être ;* pour donner à la phrase un sens plus affirmatif, comme quand on dit par exemple : *C'est toi qui l'as nommé* (1). La forme analytique de cette phrase est : *Ce* ou *ceci,* savoir, *toi qui l'as nommé, est ;* ou bien : *Ce* ou *ceci est,* savoir, *toi qui l'as nommé.*

En conséquence, on devra analyser ainsi :

Ce, pron. démonst. m. s. sujet de *est.*
est, verbe essentiel, 3ᵉ pers. du sing. au prés. de l'indic. 4ᵉ conjug.
toi, pron. pers. 2ᵉ pers. du s. complétant avec *qui l'as* nommé le sens du pronom *ce.*
qui, pron. conjonctif, etc.

142. — On analysera d'une manière à peu près semblable les phrases suivantes :

C'est là que je vous attends. Ce ou ceci, *savoir le lieu, le point que (où, auquel) (2) je vous attends, est là.*
C'est vous, messieurs, qui vous trompez. — Ce ou ceci est, sa- voir, *vous, messieurs, qui vous trompez.*

143. — Devant une troisième personne du pluriel, au lieu de *c'est,* on dit *ce sont,* comme par exemple dans cette phrase :

Qui sont ces messieurs ? — Ce sont *nos amis.*

On a alors un double gallicisme : l'accord du verbe *être* se fait non avec le sujet grammatical *ce,* mais par syllepse avec la troisième personne du pluriel *nos amis,* qui complète le sens du pronom *ce,* absolument comme dans cette phrase : *Une foule de pauvres reçoivent des secours* (3). On dira donc dans l'analyse :

Ce, pron. démonst. m. s. sujet grammatical ou apparent.
sont, v. essentiel, 3ᵉ pers. du plur. au prés. de l'indic. 4ᵉ conjug.
nos, adj. poss. m. pl. se rapportant à *amis.*
amis, nom com. m. pl. commandant l'accord du v. *sont.*

---

(1) Quelle différence pour l'énergie entre *tu l'as nommé* et *c'est toi qui l'as nommé !*
(2) On dit de même *le moment que* et *le moment où.* (Acad.)
(3) L'Académie dit indifféremment *ce sont eux* ou *c'est eux qu'il faut ré- compenser.* On trouve souvent dans nos meilleurs auteurs, *c'est,* devant une troisième personne du pluriel : on dit toujours *c'est nous, c'est vous ;* ce qui prouve que la forme *c'est* est une forme essentiellement affirmative, et que *ce sont eux,* est une syllepse.

144. — Parmi les gallicismes particuliers, nous citerons les suivants, dont nous essayerons de donner l'explication, et qu'il est facile d'analyser en s'en tenant seulement aux mots exprimés, sans rétablir les mots sous-entendus.

Qu'est-ce? — Ce (cela) est que (quoi)?

Qu'est-ce que je vois là? — Ce (cet objet) que je vois là est que (quoi)?

Il n'a que dix francs. — Il n'a *autre argent* que dix francs.

Il n'a qu'à se taire. — Il n'a *autre chose à faire* que se taire.

Il ne fait qu'entrer et sortir. — Il ne fait *rien autre chose* que entrer et sortir.

Il ne fait que de sortir. — Il ne fait (*au moment où je parle*) *autre action* que *l'action* de sortir.

On a beau lui dire. — On a beau *sujet de* lui dire ; c'est-à-dire, quoiqu'on ait *bien raison* de lui dire.

Il fait beau chasser. — Il (ceci), *savoir* chasser, fait beau (agréablement) (1).

Vous ne l'aurez jamais plus belle. — sous-entendu *l'occasion.*

145. — Dans l'analyse du gallicisme *on en vint aux mains*, on réunira en une seule expression le mot *en* et le mot *vint*, ce qui formera un verbe intransitif. On fera de même pour l'analyse du gallicisme *à qui en avez-vous?*

On trouvera dans nos *Leçons et exercices gradués d'analyse logique*, l'explication de plusieurs autres gallicismes, qui, dans l'analyse grammaticale ne sauraient présenter aucune difficulté sérieuse.

EXERCICES SUR LA HUITIÈME LEÇON.

69° EXERCICE.

1. Il n'est rien que j'estime tant. — 2. Il s'en fallait peu qu'il n'eût achevé. (*Acad.*) — 3. Connaissez-vous un tel ? C'est un très-honnête homme. (*Id.*) — 4. C'est là qu'il demeure. (*Id.*) — 5. On en vint aux mains avec les ennemis. (*Id.*) — 6. Je n'ai que faire là. — 7. Il est quelquefois dangereux de parler. — 8. Qui a fait cela ? C'est nous. — 9. J'ai beau lui parler, il ne m'écoute pas. — 10. On dirait d'un fou.

Modèle d'analyse.

1. Il n'est rien que j'estime tant. — Il (ceci), *savoir* rien que j'estime tant n'est.

(1) L'adjectif *beau* est employé ici adverbialement.

Il, pron. pers. pris impersonn. 3e pers. m. s. sujet grammatical d'*est*.

ne, adverbe.

est, v. essentiel employé comme impers. 3e pers. du s. au prés. de l'indic. 4e conjug.

rien, pron. indéfini, m. s. suj. logique d'*est*.

que, pron. conjonct. m. s. 3e pers. ayant pour antéc. *rien*, et complém. direct du v. *estime*.

je, pron. pers. 1re pers. du s. m. ou f. suivant la personne qui parle, et sujet du v. *estime*.

estime, v. trans. 1re pers. du s. au prés. de l'indic. 1re conjug.

tant, adverbe.

2. Il s'en fallait peu qu'il n'eût achevé. — Il (ceci), *savoir* peu s'en fallait qu'il n'eût achevé (1).

Il, pron. person. pris impersonnellement, 3e pers. m. s. sujet grammatical de *fallait*.

s'en fallait (manquait), v. impersonnel, 3e pers. du s. à l'imparf. de l'ind. 3e conjug.

peu, adverbe employé substantivement, m. s. sujet logique de *s'en fallait*.

que, conjonction.

il, pron. pers. m. s. 3e pers. sujet du v. *eût achevé*.

ne, adverbe.

eût achevé, v. transitif employé comme intransitif, 3e pers. du s. au plus-que-parf. du subjonctif, 1re conjug.

3. Connaissez-vous un tel? C'est un très-honnête homme. — Ce (cet *homme*) est un très-honnête homme.

Vous, pron. pers. 2e pers. du pl. pour le s. m. ou f. suivant la personne à qui l'on parle, sujet de *connaissez*.

connaissez, v. transitif, 2e pers. du pl. au prés. de l'indicatif, 4e conjug.

un tel, pron. indéfini, m. s. complém. direct de *connaissez*.

ce, pron. démonst. m. s. sujet de *est*.

est, v. essentiel, 3e pers. du s. au prés. de l'indic. 4e conjug.

un, adj. num. card. m. s. se rapportant à *homme*.

très, adverbe.

honnête, adj. qualif. m. s. se rapportant à *homme*.

homme, nom com. m. s.

4. C'est là qu'il demeure. — Ce (ceci), *savoir le lieu* que (dans lequel, où) il demeure, est *situé* là (2).

Ce, pron. démonst. m. s. sujet de *est*.

est, v. essentiel, 3e pers. du s. au prés. de l'indic. 4e conjug.

là, adverbe.

que, conjonction.

il, pron. pers. 3e pers. m. s. sujet de *demeure*.

demeure, v. intransitif, 3e pers. du sing. au prés. de l'indic. 1re conjug.

5. *On*, pron. indéf. m. s. sujet du v. *en vint*.

---

(1) *Peu s'en est fallu que je ne vinsse.* (Acad.) Cette phrase explique le gallicisme *Il s'en fallait peu qu'il n'eût achevé*.

(2) Voir nos *Leçons et exercices gradués d'analyse logique*.

en vint, v. intrans. 3ᵉ pers. du s. au passé défini, 2ᵉ conjug.

aux (à les) — *à,* préposition.

les, art. f. pl. se rapportant à *mains.*

mains, nom com. f. pl.

avec, préposition.

les, art. m. pl. se rapportant à *ennemis.*

ennemis, nom com. m. pl.

6. Je n'ai que faire là. — Je n'ai *rien* que *je doive* ou *je puisse faire* là.

Je, pron. pers. 1ʳᵉ pers. du s. m. ou f. suivant la personne qui parle, sujet du v. *ai.*

ne, adverbe.

ai, v. transitif, 1ʳᵉ pers. du s. au prés. de l'indic. 3ᵉ conjug. ayant pour complém. direct le mot *rien,* sous-entendu.

que, pron. conjonctif, m. s. 3ᵉ pers. ayant pour antéc. le pronom indéf. *rien,* et complém. direct de *faire.*

faire, v. transitif, au prés. de l'infin. 4ᵉ conjug.

là, adverbe.

7. Il est quelquefois dangereux de parler.—Il (ceci), *savoir l'acte de parler* est quelquefois dangereux.

Il, pron. pers. pris impersonn. 3ᵉ pers. m. s. sujet grammatical du v. *est.*

est, v. essentiel, employé comme impersonn. 3ᵃ pers. du s. au prés. de l'indic. 4ᵉ conjug. ayant pour sujet logique le nom *acte,* sous-entendu.

quelquefois, adverbe.

dangereux, adj. qualific. m. s. se rapportant à *il,* ou plutôt au mot *acte,* qui est sous-entendu.

de, préposition.

parler, v. intransitif, au prés. de l'infin. 1ʳᵉ conjug.

8. Qui a fait cela? c'est nous. — Ce (ceci), *savoir nous qui avons fait cela,* est.

Qui, pron. interrogatif, m. s. sujet d'*a fait.*

a fait, v. transitif, 3ᵉ pers. du s. au passé indéf. 4ᵉ conjug.

cela, pron. démonst. m. s. complém. direct d'*a fait.*

ce, pron. démonst. m. s. sujet du v. *est.*

est, v. essentiel, 3ᵉ pers. du s. au prés. de l'indic. 4ᵉ conjug.

nous, pron. pers. 1ʳᵉ pers. du plur. et des deux genres.

9. J'ai beau lui parler, il ne m'écoute pas. — J'ai beau *jeu* à lui parler (1).

Je, pron. pers. 1ʳᵉ pers. du s. m. ou f. suivant la personne qui parle, et sujet du v. *ai.*

ai, v. transitif, 1ʳᵉ pers. du s. au prés. de l'indic. 3ᵉ conjug. ayant pour complém. direct *jeu,* sous-entendu (2).

beau, adj. qualific. m. s. se rapportant à *jeu,* mot sous-entendu.

lui, pron. pers. 3ᵉ pers. m. s. compl. indir. du v. *parler.*

parler, v. intrans. au prés. de l'infin. 1ʳᵉ conjug.

il, pron. pers. 3ᵉ pers. m. s. sujet du verbe *écoute.*

ne pas, adverbe.

(1) C'est-à-dire, je lui parle beaucoup, mais en vain ; il ne m'écoute pas.
(2) On peut aussi réunir *beau* au verbe *avoir,* et considérer l'expression composée *avoir beau* comme étant un verbe intransitif.

me, pron. pers. 1re pers. du s. et des deux genres, complém. direct du v. *écoute.*

écoute, v. trans, 3e pers. du s. au prés. de l'indic. 1re conjug.

10. On dirait d'un fou. — On dirait *les actes, les paroles* d'un fou.

On, pron. indéf. m. s. sujet de *dirait.*

dirait, v. transitif, 3e pers. du s. au condit. prés. 4e conjug. ayant pour complém. direct *les actes* ou *les paroles* (sous-entendu).

d' (de), préposition.

un, adj. num. card. m. s. se rapportant à *fou.*

fou, adj. pris substantivement, m. s.

70e EXERCICE.

1. Il y a deux mois que je ne l'ai vu. — 2. C'est à vous que j'écris. — 3. Qu'est-ce que je vois là? — 4. Il s'ensuivit de grands maux. (*Acad.*) — 5. Ce nous fut un grand chagrin. — 6. Il est d'un honnête homme de toujours dire la vérité. — 7. Elle n'a que huit ans. — 8. Il faisait beau se promener dans les champs. — 9. Ce sont de braves gens qui vous aideront.

71e EXERCICE.

1. Qu'est-ce? que demandez-vous? — 2. Il se peut que l'affaire soit bonne. — 3. Tu ne l'auras jamais plus belle. — 4. C'est à vous à parler. — 5. C'est à vous de parler. — 6. Il ne fallait pas vous plaindre. — 7. Tu ne fais que remuer. — 8. Ils ne font que de sortir. — 9. Voilà un bras que je me ferais couper tout à l'heure, si j'étais que de vous. (*Molière.*) — 10. Il fait beau.

72e EXERCICE.

1. C'est en Dieu seul que je me confie. — 2. Vous n'avez qu'à rester tranquille. — 3. C'est le soleil, dit-on, qui donne l'existence aux végétaux et qui l'entretient. (*B. de St-Pierre.*) — 4. Comment se fait-il que tu sois venu si tard? — 5. L'aliment de l'âme, c'est la vérité et la justice. (*Fénelon.*) — 6. Ce que je crois, c'est que vous vous trompez.

TABLE DES MATIÈRES.

Coulommiers. — Imprimerie de A. MOUSSIN.